Herausgeberin: Edith Meusburger
Illustrationen und Layout: Miwa Nishino Meusburger, BA, miwa-designs.com
Lektorat/Korrektorat: Mag.[a] Nora Paul

Druck und Vertrieb im Auftrag Edith Meusburger:
Buchschmiede von Dataform Media GmbH, Wien
www.buchschmiede.at - Folge deinem Buchgefühl!

Besuche uns online

ISBN Softcover: 978-3-99152-195-2
ISBN Hardcover: 978-3-99152-193-8
ISBN E-Book: 978-3-99152-194-5

Printed in Austria

EDITH MEUSBURGER

DAS LETZTE VIERTEL

Erzählungen von und für Menschen
im letzten Viertel ihres Lebens

mit Illustrationen von
Miwa Nishino Meusburger

BUCH
SCHMIEDE

Inhalt

Vorwort

Ich hoffe, meine Geschichten von und für Menschen im letzten Viertel ihres Lebens kommen an und erfreuen die eine oder andere Seele.
Die Erzählungen und Gedichte sind erfunden, mehr oder weniger vom echten Leben inspiriert. Ich musste sie schreiben, weil mich eine Sache umtrieb, ich etwas erlebt hatte, das mich verfolgte, oder weil ich die Ideen im Kopf, die Gedanken und die Vorstellungen, einfach nicht aushalten konnte. Ich musste sie fassen, ordnen, verzerren, überzeichnen und in eine Form bringen. Denn auch ältere Menschen kämpfen mit Gefühlen, sie lieben, hassen, verzweifeln und hoffen.
Es hört nie auf.

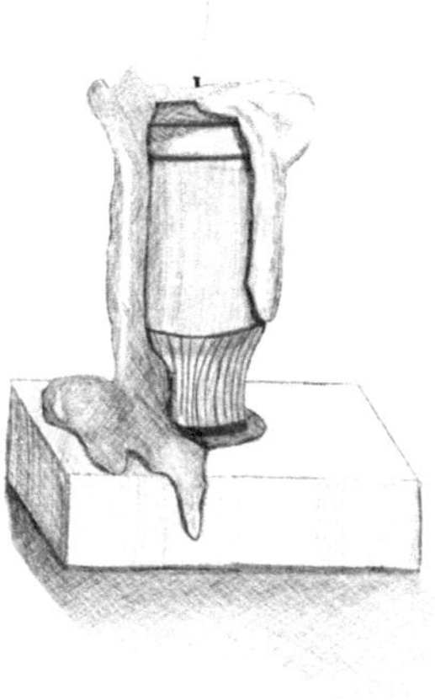

ein ende

viele hände geschüttelt
leiber umarmt
geschenke angenommen
liebe worte getauscht
und morgen
ausschlafen
und frei haben
und pensioniert sein
geschenke sichten
sich freuen
und nochmals freuen
an Johanna denken
und an Renate
an Lisi und Alice
an Evi und Veronika
aus der tasse trinken
das buch lesen
die blumen riechen
in molke baden
glückwunschkarten lesen
zeichnungen studieren
den lavendel einpflanzen
und das war's
das leben
und aus.

Karl

Hätte ich vorgestern nicht Karl getroffen, läge ich heute nicht im Krankenhaus.

Wie dumm kann man sein! Als ich in den Landbus einstieg, um wie gewohnt auf den Gemüsemarkt zu gehen, hatte ich keine Ahnung, wie sich mein Leben verändern würde! Nichts ahnend setzte ich mich zwei alten Herren in Schianzügen gegenüber. Der eine musterte mich von oben bis unten, schaute mir dann direkt ins Gesicht. Seine Augen wurden größer, seine Züge hellten sich auf, er hob den Kopf, lächelte und sagte vorsichtig: „Erika?"

Im gleichen Augenblick erkannte ich blitzartig Karl, meine verbotene Liebe. Alt vertraut war mir das Spitzbubengesicht dieses kleinen drahtigen Mannes. Eine heiße Welle stieg mir von den Beinen bis zum Kopf.

„Karl!", erwiderte ich baff. „Was machst duuu hier?"

Er sei unterwegs ins Montafon zum Schifahren, erklärte Karl nicht ohne Stolz. Ob ich wohl auch noch Schi fahre? Ob ich mich noch erinnere an Kitzbühel, an unsere heiße Schiwoche?

Und wie ich mich erinnerte! Wir lachten beide – beide wohl mit dem intensiven Duft des Zirbenbettes in unseren Nasen. Sein Lachen – dieses schelmische Lachen eines kleinen Jungen! Wie lange lag es zurück? Bestimmt zwanzig Jahre! Mehr als zwanzig Jahre, zweiundzwanzig waren es! Mein Gott, wie die Zeit vergeht.

Und jetzt liege ich in einem Bett auf der Unfallchirurgie und sterbe fast vor Schmerzen.

„Der Oberschenkelknochen ist gebrochen, Frau Springer", hat

mir der junge Turnusarzt anhand des Röntgenbildes erklärt. „Die Fraktur kann operativ stabilisiert werden“, hat er mich aufgeklärt, „mit einem Marknagel und zwei Schrauben wird der Knochen fixiert.“
Das kann ja lustig werden!

Noch vor zwei Tagen ahnte ich nichts Böses.
„So lange!“, staunte ich und überlegte, wie alt Karl nun sein mochte. Er war 11 Jahre älter als ich. 61 plus 11, also 72. So wird es wohl sein. Schneeweiße Haare habe ich jetzt und bin seit Kurzem pensioniert. Uns beiden ist dasselbe passiert: Wir sind alt geworden.
„Ich freue mich riesig, dich wiederzusehen!“, platzte Karl fast vor Freude und grinste über die ganze Breite seines kleinen Gesichtes. Es ist vielleicht noch kleiner geworden, dachte ich, dieses zarte Mausgesichtchen. Sein Gebiss hingegen ist wohl etwas größer geworden.
„Mein Gott, Karl, wie die Zeit vergeht!“
Wir stiegen in Feldkirch aus. Er und sein Freund, um mit dem Zug ins Montafon zu fahren, ich, um auf dem Wochenmarkt einzukaufen. Doch Karl fragte schüchtern, ob wir unsere Handynummern austauschen könnten.
„Wir wollen uns doch nicht gleich wieder aus den Augen verlieren, oder?“

Am gleichen Tag noch schickte er mir traumhafte Fotos vom Hochjoch. Oh Gott, was sollte ich machen? Mein Gottfried musste nicht unbedingt von meiner alten Sünde wissen. Aber im Moment war er auf Kur, mein Lieber. Eine Woche sei ihm noch gegönnt – und mir auch. Also praktisch war ich frei.

Am nächsten Tag kam eine Whatsapp-Nachricht von Karl, ob ich denn nicht Lust hätte, mitzukommen auf die Piste. Ich ging in den Keller und begutachtete meine Schiausrüstung. Meine roten Rossignol standen noch genauso da, wie sie all die Jahre hier an der Wand in der Halterung eingeklemmt auf ihren Einsatz gewartet hatten. Die weißen Schnallenschuhe, die mir Gottfried vor Jahren geschenkt hatte, waren wohlverpackt in der Schischuhtasche. Wie herrlich war es gewesen, jung zu sein! Könnte man die Zeit noch einmal zurückdrehen!

Und so traf ich mich also heute Früh mit Karl im Landbus, diesmal in voller Schimontur. Mehr als zwanzig Jahre sind vergangen seit unserer Affäre. Ehrlicherweise muss ich unsere Beziehung von damals als Affäre bezeichnen, denn sowohl er als auch ich waren anderweitig gebunden. Exakt so wie heute. Aber was soll's? Wir wollen doch nichts aufwärmen, oder?

Ach Karl, wenn es nicht so schön gewesen wäre! Dieser Schnee, diese Pulverabfahrten, diese Freiheit auf den Pisten, wenig Leute, viel Sonne, herrlich! Es hat so gutgetan, die jungen Jahre wieder aufleben zu lassen! Es hat so wohlgetan, umworben zu werden! Drei lange Jahre bin ich nicht mehr auf den Schiern gestanden. Seit mein Mann an diesem Ödem laborierte, sind wir beide hauptsächlich auf der Couch gesessen und haben ferngesehen. Und jetzt diese Begegnung! Diese Chance! Wer könnte etwas einwenden gegen einen traumhaften makellosen unschuldigen Schitag? Mit einem bitteren Ende, wie sich herausstellen sollte. Leider. Es ist keine Kleinigkeit.

Der Narkosearzt betritt das Krankenzimmer und klärt mich auf über die Durchführung und die Risiken einer Narkose. Allergien? Sonstige Medikamente? Sonstige Erkrankungen? Nein, nichts, keine Dauermedikation, keine Allergien, gesund so weit. Schmerzen?
„Natürlich, Sie bekommen ein Schlafmittel für die Nacht und morgen werden Sie operiert. Danach können wir Ihnen eine gute Schmerztherapie anbieten."
Ich bin wohl zu übermütig gewesen! Doch hätte ich es vermeiden können? Ich hätte langsamer fahren können. Ich hätte nicht über die schwarze Piste abfahren müssen. Ich hätte meine Schier erst warten müssen, die Kanten schleifen lassen zum Beispiel, dann hätte ich sie besser unter Kontrolle gehabt, dann hätte ich nicht diesen Kapitalsturz mit Überschlag gemacht. Dann hätte mich nicht der Ackja abtransportieren müssen. Hätte. Hätte. Hätte ich nicht Karl getroffen!
Wieder geht die Zimmertüre auf und Gottfried kommt herein. Gottfried! Um Himmels willen, wie kommt es, dass er schon Bescheid weiß und bereits aus der Reha entlassen ist? Gut sieht er aus, erholt und kräftig. Er hinkt kein bisschen. Schnell kommt er an mein Bett. Im selben Augenblick klingelt mein Handy.
Oh Gott, was habe ich mir bloß eingebrockt!

Freiheit

Genießen wollte ich ihn,
diesen Tag,
zelebrieren, diesen letzten Tag
der vollkommenen Freiheit,
ihn auskosten mit jedem Atemzug,
ihn feiern
mit mir allein,
mit mir in meinem Reich in aller Ruhe.
Was wollte ich tun? Was?
Nichts.
Genau!
Nichts wollte ich tun,
einfach nichts,
nur wissen,
ich kann tun und lassen, was ich will
und wann ich will
und so laut ich will
und so doof ich will,
und niemand fragt: „Was machst du da?
Und wozu eigentlich und wohin gehst du
und wann kommst du und was gibt es zu essen und wann?“
Und niemand ist da und tut nichts.
Und niemand ist da und sitzt herum.
Und niemand hört mich tippen,
hört jede Taste, die ich anschlage,
und niemand hört mich pupsen
und niemand sieht mich am Kühlschrank und am Handy
und mit der Kochschokolade.

Genießen wollte ich ihn,
diesen Tag,
zelebrieren, diesen letzten Tag
der vollkommenen Freiheit,
ihn auskosten mit jedem Atemzug.

Irgendwo hatte ich gehört,
vor Jahren,
von den Japanern,
dass sie sich scheiden lassen,
kurz bevor der Ehepartner in Pension geht.
„Wozu das denn?“,
dachte ich damals.

Inzwischen ist diese Mode in Europa angekommen.
Aber wozu soll das gut sein,
jetzt, da man endlich Zeit hat
füreinander,
miteinander,
jetzt, da man alt wird,
hoffentlich,
da die Freunde weniger werden
und die Wehwehchen mehr,
jetzt, da die Einsamkeit
hinter der Küchentüre lauert,
die Kinder ausgeflogen sind
und die Pflichten sich in Luft aufgelöst haben?

Jetzt trennen sich die Paare,
jetzt wollen sie nicht mehr?
Ich konnte es nicht verstehen vor ein paar Jahren.

Nicht dass mich jemand falsch versteht:
Niemals möchte ich allein leben,
niemals möchte ich ohne ihn sein –
aber immer, immer mit ihm?
Immer.
Wird das nicht ein bisschen viel werden?

An diesem einen Tag noch ging er
morgens zur Türe hinaus und würde erst abends
wieder hereinkommen.
Und diesen Tag wollte ich erleben,
als wäre es der letzte,
und gewissermaßen war er es auch.

Genießen wollte ich ihn also,
zelebrieren, diesen letzten Tag
der vollkommenen Freiheit,
ihn auskosten mit jedem Atemzug.

Er sollte mir auf der Zunge zergehen,
ich wollte mich baden in ihm,
ich wollte ihn einatmen,
diesen Tag der Freiheit,
mit jedem Lungenzug.
Ich wollte – was?
Was wollte ich?

Und was habe ich gemacht?
Ich habe geputzt und gebacken.
So ist es.
Das habe ich gemacht.

Mit meinem letzten kostbaren vollkommenen Tag.
Ich habe geputzt und gebacken.
Das habe ich getan.
Das interessiert niemanden.
Es ist sterbenslangweilig.

Es langweilt die ganze Welt,
wenn ich erzähle,
dass ich gesaugt habe,
gewischt, geschrubbt, gesprüht und poliert.
Ich hatte tatsächlich keine bessere Idee,
als alles
fein säuberlich
vorzubereiten
für ihn,
für jenen Moment,
in dem er nach Hause kommen würde
mit den letzten Habseligkeiten aus seinem Büro,
mit den Glückwünschen,
die mit ihm zur Türe hereinhuschen würden,
und mit den wohlwollenden Blicken,
die noch glänzend auf seinen Wangen liegen würden
für den Moment,
in dem er zur Haustüre hereinkommen würde
mit den letzten Geschenken unter den Armen,
den schief geklopften Schultern
und den feucht gedrückten Händen.

Alles sollte schön und freundlich und heimelig sein,
wenn er das Haus,
sein Haus,

unser Haus betreten würde,
ihn antreten würde, den letzten Abschnitt seines Lebens,
unseres Lebens.
Empfangen wollte ich ihn,
frisch und fesch –
so gut es eben ging.
Roter Pullover, Jeans, einfach, frisch, sauber.
Alles. Die Bäder, die Küche, die Couch und ich.

Um fünf Uhr kam er nicht.
Um sechs kam er nicht.
Um sieben kam er nicht.
Um acht kam er nicht.
Um neun kam er nicht.
Um zehn kam er nicht.
Um elf whatsappte ich ihn an.
Um zwölf sperrte ich die Türe ab und stellte den Schlüssel quer.

Auf Ö3 greinten Seiler und Speer:
„Waunst amoi nu so hamkummst, sama gschiedane Leit.
Waunst amoi nu so hamkummst, host die Scheidung, mei Freind.“

So war das an meinem letzten Tag der vollkommenen Freiheit.

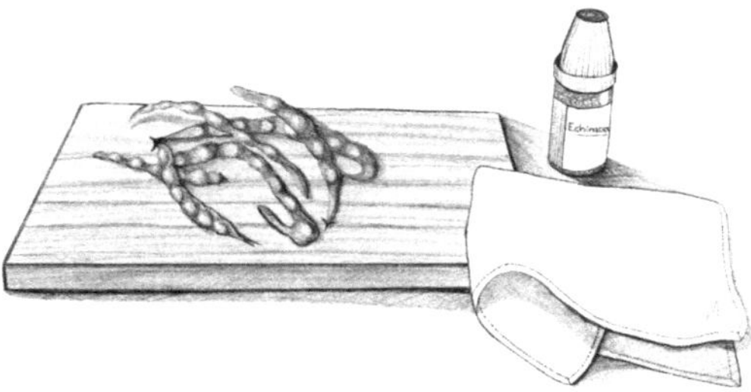

Ramonas Fußabdruck

Am meisten liebte sie die grünen Bohnen. Stangenbohnen waren sehr praktisch, Ramona musste sich kaum bücken beim Abnehmen. Auch die Karotten, die sich durch die Erde drückten, mochte sie. Glücklich ging sie ihre Gartenbeete ab, nahm eine Zucchini ab und legte noch drei Tomaten in die alte Blechschüssel und ein paar Kräuter obendrauf. Wäre doch gelacht, wenn man den ökologischen Fußabdruck nicht unter Kontrolle kriegen könnte. Man musste sich eben etwas einfallen lassen und sich ein bisschen anstrengen. Früher waren alle Menschen Selbstversorger gewesen, bevor die Landwirtschaft zur Wirtschaft wurde. Heute wurde die Wirtschaft zum Gott erklärt.

Bella sprang auf, bellte freudig und rannte von der Hütte weg zum Fußweg hinüber. Ramonas erster Gedanke galt Manfred. Aber es war Helga in ihrem bunten Rock, die eine ihrer Runden drehte und ihre alternative Freundin besuchte, bestimmt mit einer Kanne Kaffee wie üblich.
„Tolle Ernte!", rief sie überschwänglich. „Ich kann dir ein bisschen helfen."
„I wo, ich habe viel Zeit. Komm, setz dich lieber und erzähle ein bisschen. Was gibt es Neues in der Welt da draußen?"
Helga zog ihre Thermoskanne aus dem Rucksack. Ramona holte aus der Hütte zwei große Tassen und setzte sich mit Helga auf das Brett, das an der kühlen Nordwand als Sitzbank diente. Als Helga den Verschluss der Kanne aufdrehte, atmete Ramona tief ein, zog gierig den Duft der heißen Sünde tief in ihre Lungen. Ein Lungenzug in Erinnerung an ihre Raucherkarriere.

„Ach, was willst du wissen?“, setzte Helga ihren Bericht an. „Es ist immer dasselbe: Die Coronazahlen steigen wieder, über die S18 wird heftig gestritten und die Taliban haben in Nullkommanichts Kabul eingenommen.“
Versehentlich stieß Helga mit dem Fuß an die Kiste, die als Tisch diente, und hätte sie beinahe umgestoßen, mitsamt dem herrlichen Kaffee und den einzigen Tassen, die Ramona besaß. Anstelle einer Entschuldigung fragte die Freundin barsch: „Wie kannst du es aushalten, so zu leben, ganz allein und ohne jede Verbindung zur Außenwelt? Wenn du wenigstens ein Handy hättest! Du könntest sterben in deiner alten Hütte und keiner würde es bemerken. Du könntest überfallen werden, vergewaltigt, ermordet.“
„Komm schon, Helga, wer möchte mich vergewaltigen? Ich könnte sogar gefahrlos nach Indien reisen“, scherzte Ramona und strich mit erdigen Fingern eine graue Haarsträhne hinter das Ohr. Beide lachten ihr Alte-Freundinnen-Lachen. Was sollte falsch sein an ihrem kleinen Reich, an den Hühnern, die gute Eier legten, am Gemüsegarten, der sie ernährte, an der Kräuterecke und den Johannisbeersträuchern? Über die Kuh konnte man streiten, über die Kuh mit ihren Methan-Fürzen. Na ja, aber sie gab halt kostbare Milch und sie konnte so treuherzig in die Welt schauen mit ihren Glupschaugen.
Ramonas Lachanfall endete in einem Hustenanfall.
Eine Woche später war Ramona damit beschäftigt, die Bohnen im alten Einwecktopf auf dem Holzofen einzukochen. Im selbst gezimmerten Holzregal standen bereits mehrere Marmeladengläser. Gurken waren eingelegt in Riesengläsern. Rosmarin, Thymian, Salbeizweige hingen in Bündeln an den Pfosten.

Manfred hatte sich geweigert, ihr bei der Einrichtung ihres neuen Lebens zu helfen. Waren sie nun verheiratet oder nicht?
„Was ist schlecht am Leben in einem Haus mit Garten und Auto und Hund und Katze?“, hatte er wissen wollen. Er kapierte es nicht, wollte nicht sehen, dass es auf jeden Einzelnen von uns ankam, um die Katastrophe vielleicht – vielleicht – noch zu verhindern. Ein Fußabdruck über 5 gha, das musste wirklich nicht sein, Ramona wollte es auf ideale 1,6 schaffen, mindestens.
Die Salate waren leider voller Schnecken, aber damit musste man sich abfinden. Das Igelpärchen konnte sie nicht alle verspeisen. Vielleicht sollte Ramona morgen in der Früh die eingesammelten Schnecken mit kochendem Wasser übergießen und die Brühe trinken? Salbeitee und Thymian-Dämpfe hatten bisher nur wenig Linderung gebracht. Wie war das noch mal gewesen mit den Nacktschnecken? Es gab eine Methode, sie als Hustenmittel anzuwenden. Sie würde Helga fragen, demnächst, die konnte das sicher googeln mit ihrem Handy. Um den Preis einer Zivilisationspredigt.
Ramona versuchte, den Hustenreiz zu unterdrücken, denn es tat verdammt weh in ihrer Brust. Aufräumen konnte sie morgen auch noch. Erschöpft ließ sie sich auf die Pritsche fallen und zog die Wolldecke über die Schultern. Waschen? Umziehen? Egal. Ein bisschen ausruhen nur.
Als sie an der Schulter gerüttelt wurde, schreckte sie hoch. Manfred. Sie wollte aufstehen und aufs WC gehen. Da erst erkannte sie die Umrisse der Hütte. Ach so, ja, hier war sie, hier in der alten Riedhütte. Musste er kommen? Musste er sie sehen, so elend, so ungewaschen, so ungekämmt? Sie hatte ihn nicht eingeladen. Er verstand sie nicht.

Sie wankte hinaus zum Plumpsklo. Mann, war ihr schwindelig! Und diese Schmerzen im Hals und in der Brust.
„Ramona“, sagte er ernst, „was soll das?“
„Du musst mir nur die Echinacea-Globuli bringen. Dann bin ich gleich wieder fit“, krächzte sie. „Und vielleicht noch die Belladonna dazu.“
Manfred konnte das, nichts sagen, einfach keine Antwort geben. Er trug das dunkle Hemd und die schwarzen Jeans. Seine Haare waren kurz geschnitten, mehr grau als schwarz, und seine Fingernägel zu lang wie immer. Sie legte sich wieder aufs Bett.
Er beugte sich über sie und sagte sanft: „Du, Ramona, du bist krank und du bist klapperdürr; du bestehst nur noch aus Haut und Knochen. Du musst zum Arzt gehen.“ Er legte seine schmale Hand auf ihre Stirn. Ramona fühlte seine Wärme in ihre Glieder strömen und dankte dem Universum für diesen Moment. Doch dann zog er ein Taschentuch aus der Hosentasche und Ramona erstarrte beim Anblick des wohlbekannten weißen Baumwolltuches mit dem grünen Rand und dem eingestickten M. Es war frisch und gebügelt. So! Wer bügelte ihm das Taschentuch? Wer! Konnte es Carmen sein? Carmen, diese Schlange?
„Ist nicht ganz geglückt, dein Selbstversorgerexperiment“, blieb er ungerührt bei seinem Thema. „Gib es auf und komm nach Hause!“
Doch jetzt wollte sie erst recht nichts davon wissen, jetzt, da er sich eine Neue geholt hatte. Sie musste nur wieder gesund werden. Und nirgends konnte man besser genesen als in der Natur. Morgen würde sie den Tag mit Sonnengrüßen beginnen, mindestens drei, nahm sie sich vor. Und was die Ernährung anging, so wollte sie ein paar Fasttage einlegen

und nur Tee trinken und viel frisches Grundwasser aus dem Brunnen. Hinausschwemmen musste sie die Bakterien oder die Viren oder was immer es war. Die Milch bekam ihr nicht gut und die Eier lagen viel zu schwer in ihrem Magen. Sie musste künftig alle tierischen Produkte weglassen. Linda gab ohnehin nicht mehr viel Milch. Vielleicht konnte man sie sowas wie abstillen?
Dennoch würde es eine Menge Arbeit geben mit all dem schönen Gemüse. Mit einem tiefen Seufzer dachte sie sehnsüchtig an den großen Gefrierschrank im Haus, kaum zwei Kilometer entfernt.

Sie schloss die Augen und ging durch den Keller. Im Geiste. Dann wieder meinte sie, sie liege in ihrem Bett im Schlafzimmer. Sie blickte auf den weißen Kleiderschrank und die getäferten Wände, auf das große Familienbild an der Wand und den Lichtschalter neben der Türe. Einfach anknipsen. Wie schön!
Dann wieder lag sie auf dem Sofa im Wohnzimmer und sah zur offenen Zimmertüre in die Küche hinüber.
„Eine Suppe. Eine Suppe wäre gut. Machst du mir eine Suppe?“, lallte sie. Sie wollte sich näher an Bella drücken, doch stattdessen lag Mandys Arm um ihre Mitte. Augenblicklich war sie hellwach.
„Geh, bitte, geh! Ich kann dich hier nicht brauchen“, sagte sie grob.
Manfred presste die Lippen zusammen, zog den Kopf ein und stapfte davon. Bella nahm er mit, sie müsse zum Tierarzt und brauche ordentliches Hundefutter.
„Nein, nein, bitte nicht!“, stöhnte Ramona. Doch Manfreds Rücken hatte keine Ohren.

Wenn Ramona eines konnte, dann stur sein und ihre Ziele verfolgen. Irgendwie überstand sie die nächsten Tage. Morgens dachte sie: „Na ja, es geht schon besser.“ Aber irgendwann lag sie dann wieder auf dem Boden, im Gras oder auf der nackten Erde inmitten all der Kuhfladen und der Kuhtritte und wartete darauf, dass die Schmerzen nachlassen und ihre Kräfte wiederkehren würden.

Zwei Tage später, als sie bei leichtem Nieselregen am Rande des Salbeibeetes lag, strich plötzlich etwas über ihr Gesicht. Etwas Nasses, Warmes leckte ihr über Stirn und Wangen und über die Augen und die Ohren und den Mund. Ein großer Schatten legte sich über sie. Eine vertraute Stimme rief ihren Namen und starke Arme trugen sie ein paar Schritte weiter. Was war jetzt los? Manfred. Mandy war gekommen, ihr Mandy, und legte sie sachte auf eine Decke in der Transportbox eines Gefährtes, in so eines, wie sie es in der Fahrradhandlung gesehen hatte. Sie riss ihre Augen auf und brachte keinen Ton heraus.

„Ich dachte, wir könnten ein ordentliches Lastenrad gut gebrauchen, wenn wir im Frühling hier im Acker arbeiten werden“, bemerkte er trocken und stellte gleich klar: „Aber erst im Frühling, im nächsten, hörst du, erst wenn du wieder gesund bist und bei Sinnen, dann können wir darüber reden.“

Wahrscheinlich träumte sie. Oder halluzinierte. Seit Tagen hatte sie ihre eigene Stimme nicht mehr gehört. Jetzt fiel ihr nichts Besseres ein, als zu fragen: „Mandy, hast du ein Taschentuch für mich?“

Er zog ein zerknittertes Baumwolltuch aus seiner Jeans und warf einen prüfenden Blick darauf.

„Wir werden nichts mehr bügeln, ja? Braucht nur unnötig Strom“, sagte er mit einem vorsichtigen Grinsen im Gesicht.

Er oder ich

Sie serviert mir eine heiße Suppe, denn eine kräftige Hühnersuppe soll sogar Tote wieder zum Leben erwecken, hat ihre Mutter schon gesagt.
„Das wird dir guttun", sagt Sybille freundlich, „ich bin froh, dass du wieder auf den Beinen bist!"
Zwei Wochen lang lag ich flach. Mein Kopf tat höllisch weh, der Husten zerriss meine Lunge und das Thermometer stieg abends über 40 Grad hinauf. Die Nächte waren das Schlimmste.
Jetzt ist meine „Wampe" weg, was eigentlich kein Schaden ist, aber meine Beine sind weich wie frische Weidenruten und auf dem Weg in die Küche atme ich, als stiege ich auf den Muttersberg.
Sybille hingegen wirkt frisch und fröhlich. Sie hat sich sogar geschminkt, ihre Lippen sind mit orangem Lippenstift nachgezogen, ihre Wimpern getuscht und auf ihre Wangen hat sie Rouge gelegt. Ihre Haare sind gewachsen, lang, blond, leicht gelockt. Ich rieche ihr Shampoo, es duftet nach frisch gepflückten Aprikosen.
Ich spitze meine Ohren und lausche, ob ich etwas von Gallus höre, wage aber nicht, Sybille nach ihm zu fragen. Gallus hat nicht groß gestört, als ich krank war. Normalerweise kräht er dreimal täglich. Die halbe Stadt weiß, dass wir keinen Hund halten und keine Katze streicheln, sondern einen Hahn im Haus haben!
In unserem kleinen Garten bewegt er sich, als gehörte ihm die Welt. Er stellt seinen knallroten Kamm kerzengerade auf und trägt sein braunes Federkleid spazieren. Die kleinen Knopfäugelein verraten seine erhabene Aufmerksamkeit,

die wahrscheinlich irgendwelchen Hühnern gelten sollte. Den klugen Kopf hochgereckt und den spitzen Schnabel gekrümmt, so stolziert er in unserer Wohnung umher – wenn er denn darf. Das ist unser aktuelles Problem. Nicht jeder findet einen Hahn im Haus amüsant. Zuletzt hat mich Sybille vor die Alternative gestellt: „Er oder ich!"

Mein Appetit ist noch nicht vollständig zurückgekehrt. Aber mit jedem Löffel dieser Nudelsuppe, mit jedem Bissen schmeckt es mir besser, dieses liebevoll zubereitete Mahl. Ich lächle tapfer und gebe mir alle Mühe, den Teller auszuessen, die Brühe, die Karotten, das Fleisch.
Die Sonne scheint zur Glasveranda herein und heizt das Zimmer auf. Unsere Wohnanlage ist komplett aus Holz gebaut und protzt mit einer großen undichten Verglasung auf der Südseite. Ich, der einzige Sohn, ich habe die Wohnung meiner Eltern übernommen, geerbt sozusagen, als sie endgültig nach Mallorca gezogen sind.

Vor 50 Jahren, als ich ein kleines Kind war, war die Anlage eine Sensation, das meistbestaunte und umstrittenste Werk eines langhaarigen Architekten. Verspottet von den Kleinstädtern als „Hasenstall". Heute ist dieser soziale Wohnbau am Rande der kleinen Stadt einigermaßen unscheinbar, nämlich komplett zugewachsen. Nördlich lehnt ein Nussbaum seinen dicken Stamm an die Ecke des Hauses und legt im Herbst seine schweren Äste auf dem Dach ab. Südlich wachsen allerlei Sträucher ineinander, Haselnuss und Hartriegel und Rosen und Magnolien, mit denen sich die friedlichen Bewohner in ihren Minigärten von den Nachbarn abgrenzen.

Sybille war begeistert von so viel Natur, vor ein paar Jahren, als wir uns nach einem Schitag in St. Anton mit einem Glühwein aufwärmten, hier bei mir in Bludenz.
Westseitig haben die Brombeeren längst alles andere überwuchert und nur ostseitig ist noch Platz, Platz für die Autos. Aber auf dieser Seite hat unser Gallus ohnehin nichts verloren! Man stelle sich vor, er flattere auf ein Autodach! Und scharre mit seinen spitzen Krallen auf dem glänzenden Blech eines Nachbarheiligtums! Oder man stelle sich vor, sein Dorn hacke und kralle sich in einen Autoreifen! So nett sind die freundlichen Alt- und Junghippies auch wieder nicht, und beim Auto hört ohnehin jedes Verständnis auf, hier und anderswo.
Jetzt ist er tatsächlich sehr brav, unser Prachtkerl. Ich wage nicht zu fragen, wie sie das gemacht hat. Noch will ich das Thema nicht anrühren. Sybille ist froh und glücklich, mich hier am Küchentisch sitzen zu sehen am heutigen Ostersonntag. Sie sitzt am anderen Ende des Tisches, so als müsste sie noch immer Abstand halten, und blättert in der Zeitung.
„Die Amerikaner schaufeln Massengräber für ihre Toten, weil sie auf den Friedhöfen keinen Platz mehr haben“, gibt sie die Neuigkeiten an mich weiter. „Und die Italiener haben Kartons erlaubt, weil ihnen die Holzsärge ausgehen.“
„Wie schrecklich!“, kommentiere ich und überlege, ob sie damit sagen will, dass ich Glück gehabt habe. Hat sie Angst gehabt um mich? Wie schön! Ich wünschte, sie würde mitessen, hier und jetzt.
Aber kurz angebunden erklärt sie: „Ich war nicht krank“, und blickt mich seltsam herausfordernd an.

Im ersten Jahr, als wir diesen Hahn aufgenommen hatten, da hatten wir es nicht leicht miteinander, wir alle drei. Er fand keine Ruhe, er flatterte wild in der Wohnung umher. Sein Zimmer war viel zu klein für seine große Leidenschaft. Ganze Nächte lang fand er keinen Schlaf auf seinem schönen Hochbalken. Wenn wir ihm Freilauf genehmigten, scharrte und scharrte er wie verrückt im graslosen Gartenboden oder stürmte mit dem Kopf voran in die Brombeeren, wälzte sich in den Stacheln und krähte gotterbärmlich.

Freilich, wir organisierten ihm zum ersten Geburtstag eine Liebeswoche auf einem Bauernhof des Nachbardorfes, auf einem Biobauernhof. Sybille drängte mich dazu. Es war keine Rede davon, dass sie ihn nicht mochte, vielmehr hatte sie Mitleid mit ihm. Nach dieser Urlaubswoche auf dem Bauernhof war Gallus so sanft, dass wir ihn sogar streicheln durften. Abends, nach einem fröhlichen Kikeriki, flog er brav auf den Balken und schlief bis zum Sonnenaufgang, so ging das drei Nächte nacheinander.

Dann aber wurde er wieder wild und unruhig und zeigte nicht nur ein gestörtes Schlafverhalten, sondern auch eine signifikante Essstörung: Er pickte zwar Würmer und Schnecken, doch er fraß sie nicht! Die armen Dinger schlängelten und ringelten sich und konnten weder leben noch sterben.

Schließlich hatten wir die Idee mit der Kastration. Schweren Herzens ließ ich mich auf diesen Vorschlag ein. Er musste seine Manneskraft opfern, der Arme! Es tat mir weh, aber immerhin war danach eine Zeit lang Ruhe und Frieden in unseren zwei Etagen.

Seither bewohnt Gallus das untere Zimmer und den kleinen eingezäunten Garten. Sybille und ich, wir sind die Herren der Küche und lieben uns im oberen Stockwerk. Ich dachte, die Sache sei gegessen.

„Magst du noch Suppe?“, fragt sie jetzt mit weicher Stimme.

Wahrscheinlich hat sie den Hahn inzwischen akzeptiert. Sicher ist ihr während meiner Krankheit auch klar geworden, dass ich ihr wichtig bin, dass sie mich keinesfalls verlieren möchte. Und bestimmt wird Gallus mit den Jahren ruhiger werden!

„Nein, danke, ich werde mich ein bisschen aufs Sofa legen", sage ich und denke, dass ich noch warten will mit Nachsehen, wie es ihm geht. Doch mit jeder Minute werde ich unruhiger und kann an nichts anderes mehr denken.

Nach der Kastration sind Frühling und Sommer in relativem Frieden verstrichen, versuche ich mich zu beruhigen. Gallus badete im Gartensand, liebte unsere Salatreste, die verwurmten Dinkelkörner und das frische Wasser. Ich liebte mein Kellerbier auf der alten Gartenbank und freute mich, wenn er auf seinen drei Zehen flink auf mich zutrippelte. Der Anblick allein war erholsam nach einem harten Tag im Büro. Wenn ich Brotkrumenpicken übte mit ihm oder Fress-Fangen spielte, musste ich mich konzentrieren und konnte dabei die Bilanzen aus meinem Kopf verbannen.

Ich höre mit einem Ohr auf Sybilles Ostervideos, die jetzt aus ihrem Tablet tönen, und lausche mit dem anderen Ohr in die untere Etage, während die Erinnerungen durch meine Sinne ziehen. Oftmals saß ich auch nur so im Gockelgehege, ohne Grund, ohne Sinn und Zweck, und bewunderte seine stolze Eleganz.

Währenddessen saß Sybille meistens in der Küche bei ihrer unvermeidlichen Tasse Kaffee und der x-ten Zigarette, telefonierte mit ihrer Freundin oder aber verschanzte sich hinter den Matheheften ihrer Schüler:innen oder recherchierte für einen lebendigen Bio-Unterricht.

Ja, stimmt schon, ich sitze manchmal lieber bei Gallus im Garten als mit Sybille in der Wohnung. Er redet nicht, beklagt sich nicht, verlangt nichts. Ich muss nicht zuhören, nichts erklären, nichts wissen, nichts rechtfertigen. Wir verstehen uns wunderbar.
Wie wird es weitergehen mit uns, jetzt, da die Schulen geschlossen sind und ich im Homeoffice all die Arbeitnehmerveranlagungen und die Jahresabschlüsse durchackern sollte? Vielleicht werde ich meine Pension doch früher antreten.
Ich habe versucht, meiner Liebsten klarzumachen, wie wertvoll Gockel außerdem als Wächter ist. Sein Schnabel ist scharf und treffsicher. Blitzschnell könnte er auf einen Eindringling einhacken. Weiß doch jeder! Oder kennt sie nicht die Geschichte von den Bremer Stadtmusikanten? Hähne und Hühner sind überdies die besten Brandherdfrüherkenner. Fast schon bevor er ausbricht, der Brand, machen sie lautstarke Meldung. Bei Sybilles Zigarettenkonsum! Was könnte sicherer sein für uns beide! Ein Lebensretter, unser Gockel!
Bisher konnte ich sie nicht überzeugen. Die Lebensweise und Bedürfnisse eines Hahnes sind ihr zuwider. Basta.
Im Winter, als draußen Schnee lag, hatten wir fast täglich Krach. Es kam vor, dass ich die untere Zimmertüre nicht zumachte. Ja, er tat mir leid – da unten so allein –, und warum sollte er nicht im Haus herumtrippeln dürfen? Störte doch niemanden! Aber Sybille protestierte. Sie ekelte sich mehr und mehr vor seinen Ausscheidungen. Alle Versuche mit einem „Kistchen“ schlugen fehl. Logisch. War auch zu lächerlich. Erniedrigend geradezu. Er klatschte seine bräunlichen Kleckse wahllos und genussvoll auf jede Stelle des Bodens. Ich gab mir alle Mühe, gleich mit einem feuchten Lappen

hinterherzuputzen. Klappte halt nicht immer. Auch sein Geflattere ging ihr schon längst auf die Nerven. Vom morgendlichen Urschrei ganz zu schweigen. Ich spielte auf Zeit, nahm an, im Frühling würde alles besser werden. Wahrscheinlich war sie nur eifersüchtig. Eifersüchtig auf einen Hahn.

Ich entschied in den vielen Stunden, in denen ich wach lag und mich vor Schmerzen allein in unserem Doppelbett herumwälzte, dass ich jedenfalls nicht auf Sybille verzichten wollte, so oder so. Ich war dankbar, sie in meiner Nähe zu wissen, auch wenn sie aus dem Schlafzimmer ausgezogen war und nur in der offenen Zimmertüre nach meinem Befinden fragte. Zu groß war die Ansteckungsgefahr. Aber immerhin konnte sie mir Mexalen besorgen und Tee kochen und Essen vor die Türe stellen. Ich vermisste sie neben mir im Bett. Ich träumte davon, mich an ihre Brust zu drücken und mich in ihren Armen aufzulösen. Dann wieder träumte ich, sie küsse meinen Freund Dieter, und ich erwachte schweißgebadet und tief gekränkt. Ich nahm mir vor, ihr alles recht zu machen, was immer sie wollte, wenn ich nur aus dieser Hölle wieder herauskommen würde.

Jetzt aber halte ich es nicht länger aus und bemerke vorsichtig: „Gallus ist sehr brav heute! Hat er sich endlich abgefunden mit den Regeln in unserem Haus?“

„Gallus? Du meinst diesen grässlichen Hahn?“

„Grässlich? Magst du ihn denn gar kein bisschen?“

„Nein“, gibt sie knapp von sich.

Es ist heiß in der Glasveranda, jetzt, in der Mitte des Aprils. Sybille öffnet ein Fenster und schaut in den Garten hinunter. Ihre dicken Haare fallen wie Vorhänge auf beiden Seiten ihres Gesichtes nach unten.

„Die Alternative – du hast mich vor die Wahl gestellt – gilt das noch?“, frage ich und sammle meine letzten Kräfte für die entscheidende Antwort. Ich mache mir keine Illusion darüber, dass sich ein Bauernhof finden könnte für ihn. Nein, meine Entscheidung wird ihn den Kopf kosten.
Sie dreht sich um, schaut an mir vorbei auf den Monet-Druck an der Wand und verzieht ihren Mund zu einem schiefen Lächeln. „Es ist bereits entschieden.“ Zittert ihre Stimme? Warum sieht sie mich nicht an? Was meint sie damit, entschieden?
Dann fällt es wie Schuppen von meinen Augen. Ich starre sie an. „Das hast du nicht getan!“, presse ich hervor. Mit einem schnellen Ruck richte ich mich vom Sofa auf und in diesem Moment dreht sich mein Magen um. Ich wanke in Richtung Toilette und übergebe mich, noch bevor ich es ins Badezimmer schaffe. In einem einzigen Schwall ergießt sich die schöne Hühnersuppe auf den naturbelassenen Holzboden.
Das war's dann mit uns beiden, denke ich und lege mich dazu. Aus und vorbei.

Wie viel ist 65?

Emma wurde 65 Jahre alt, und zwar kurz nach Pauls fünftem Geburtstag. Der Kleine überreichte Oma eine Zeichnung mit einem Monster und einem Riesen und fragte immer wieder nach, wie viel das denn sei, fünfundsechzig. Es beschäftigte ihn, weil er sich nichts darunter vorstellen konnte. Oma zeigte mit einer Hand fünf Finger für seine fünf Jahre.
„So alt bist du, ja?"
Danach zeigte sie beide Hände für zehn und nochmals beide Hände für die Zwanzig und so weiter. Sechs Mal beide Hände und ein Mal eine Hand für Omas Jahre. So viel!
Schön und gut, aber Paul fragte trotzdem: „Wie viel ist das, Oma?"
Emma hatte eine Idee: Sie wollte ihm diese horrende Zahl begreiflich machen, ihn ansprechen über seine Sinne, wie es so schön heißt. Sie würde Smarties kaufen und das kleine Leckermaul würde begeistert sein und begreifen, wie viel 65 ist. Eine Woche später leerte sie eine Rolle Smarties auf den Küchentisch. „Schau Paul, das sind fünf Smarties", sagte sie aufgeregt. „So lange bist du schon auf der Welt. Ein Jahr, zwei Jahre, drei Jahre, vier Jahre, fünf Jahre." Sie zählte die bunten Dinger sorgsam vor Paul auf den Tisch.
„Darf ich die essen, Oma?"
Haha. „Warte noch! Jetzt schauen wir erst, wie viele Jahre die Oma schon auf der Welt ist. Das ist ganz schön viel, wirst es gleich sehen!"
Gemeinsam zählten sie zehn bunte Smarties und legten sie in eine Reihe. Dann nochmals zehn darunter.
Unruhig rutschte Paul auf seinem Sessel herum. Er wollte nicht zählen. Also zählte Emma allein weiter, zehn Smarties

und nochmals zehn und nochmals zehn und noch einmal zehn. Sie legte schöne Reihen untereinander. Links daneben war Pauls Jahreszahl. Seine fünf Zuckerl sahen bereits sehr mickrig aus gegen ihre große Zahl.

„Darf ich sie essen, Oma?“, fragte er höflich. Er schleckte sich mit der Zunge über die Lippen und beugte sich über den Tisch. Seine blauen Augen wurden größer und größer.

Emma musste sich beeilen mit Zählen, sie konnte den Jungen nicht mehr lange auf die Folter spannen. Fast tropfte ihm der Speichel aus dem Mund.

„Das sind jetzt sechzig. Ganz schön viel, nicht wahr?“

Doch das interessierte ihn nicht, ob sechzig oder hundert, war jetzt völlig egal. So viele Smarties in allen Farben direkt vor seinen Augen und Mama und Papa weit weg! Er wollte sie mit seinen Händen grapschen und in den Mund stecken, sonst nichts.

„Und jetzt noch fünf dazu, so viele, wie du für deine fünf Jahre hast. Das sind dann fünfundsechzig.“

In aller Eile legte Emma fünf weitere Smarties darunter. Paul konnte es kaum aushalten, er wollte sie nur essen, jetzt sofort, auf der Stelle, schnell, denn wer wusste, ob diese Bescherung nicht plötzlich verschwinden würde oder ob Papa plötzlich dastehen würde.

„Jetzt, Oma? Darf ich sie jetzt essen?“ Er konnte sich gerade noch beherrschen, bis sie antwortete, er dürfe seine fünf Smarties essen.

Der arme Junge war sehr enttäuscht, stopfte die mickrige Beute hastig in den Mund und ging spielen.

Emma aber nahm sich vor, ihre Erklärungen künftig etwas weniger sinnlich zu gestalten.

Let It Be

„Perfekt geformt", denkt Isabel, „das haben sie gut gemacht!" Sie steht vor dem Spiegel in der Garderobe, betrachtet sich von vorne, von der einen Seite und von der anderen Seite. Ein perfekter Busen. Immerhin! Genau richtig für 75 B. Schön geformt, rund und fest, besser, schöner, als sie je Brüste hatte, klein und fein statt rund und füllig.
Sie streicht mit den Händen über Taille und Hüften. Jetzt ist sie schlank. So sieht eine Traumfigur aus, denkt sie und lässt einen bitteren Lacher zu Boden fallen. Sie streckt sich, richtet sich gerade auf und nimmt sich vor, keinesfalls gebeugt durchs Leben zu gehen, sondern Haltung zu zeigen. Spät, aber doch hat sie gelernt, nicht immer lieb und nett zu sein, sondern auf Kränkungen angemessen zu reagieren. Und in dieser Sache hat sie etwas nachzuholen. Der heutige Abend kommt ihr gerade recht!
Hineinspazieren wird sie, erhobenen Hauptes, selbstbewusst, rank und schlank. Was sie mit Fasten über viele Jahre hinweg nicht erreichen konnte, hat ihr das Schicksal jetzt „geschenkt". Der Bauch ist flach, der Po zeigt eine kleine Rundung. Wirklich schön, wie sich der weiche Jersey über die schmale Form ihres Körpers legt. Sie mag dieses glatte taillierte Kleid in Königsblau. Es ist unkompliziert und ehrlich. Streng blicken ihre braunen Augen in den Spiegel, wandern über die spitzen Schultern hoch. Die Haare sind kurz und sollen kurz bleiben. Sie hat sich an die einfache Haarpflege gewöhnt und sogar Viktor sagt, die freche Frisur stehe ihr gut. Augenbrauen sind auch wieder da, Wimpern, und zu allem Überfluss sprießen ein paar Härchen an ihrem Kinn. Sie greift zur Pinzette und zupft die grauen Stoppelchen aus.

Wenn sie schon dabei ist, so will Isabel auch ein wenig Make-up auflegen. Ihre Wangen sind eingefallen, seit im Oberkiefer zwei Backenzähne fehlen. Die Augen liegen dunkel umschattet in tiefen Höhlen. Sie brauchen ein bisschen Aufhellung. An Lippenstift kann sie sich nicht gewöhnen, obwohl ihr ein bisschen Farbe gut bekommen würde. Viktor sagt, ihm gefalle die vornehme Blässe, aber Isabel vermutet, dass er sie nur trösten will. Bisher hat er noch keinen Versuch gemacht, sich ihren neuen Brüsten zu nähern.
Was soll's? Wie froh war sie, dass er an ihrer Seite war in all den Wochen und Monaten! Nicht jeder hätte es gemacht! Was aus den alten Angebern ihrer Schulzeit geworden ist, das sieht man auf Instagram. Isabel greift nach dem USB-Stick auf der Kommode und drückt ihre Hand fest um das kleine silberfarbene Machtinstrument, so als müsste sie noch einmal ihre alte Wut spüren auf die Anpöbelungen, auf die Spötteleien und Gehässigkeiten der Vergangenheit. Heute würde man es Mobbing nennen. Jetzt ist sie mutig, sie hat keinen Grund, sich zu ducken. Sie wird nicht alte Klassenfotos zeigen, nicht hübsche fröhliche Kinder vergangener Zeiten – das können andere machen. Sie, Isabel, das Busenmonster, sie wird zeigen, was es im Netz zu sehen gibt: angesehene Geschäftsleute, ganz privat, aber nicht mit Frau und Kind!

Ein letzter Blick von Kopf bis Fuß, dann fasst sie mit flinken Fingern die Strümpfe und zieht sie über ihre schlanken Beine.
„Wenn der Körper wenig Nahrung bekommt, so frisst er die Schadstoffe im Organismus, er reinigt sich quasi selbst", sagte ihre Bettnachbarin in der Klinik. Isabel hat sich vorgenommen, den Zellen keine Chance zu geben, sich unkontrolliert zu ver-

mehren. Aushungern will sie den letzten Rest des Teufels. Jetzt aber, jetzt wird sie noch ein bisschen leben. Auf geht's in ihre frühere Heimat. Mal sehen, ob sie noch alle da sind, die alten Quälgeister.

Die Sonne steht noch hell am Himmel an diesem Freitagabend im Mai, als Isabel ihren kleinen grünen Punto am großen Parkplatz am See abstellt. Was für ein Anblick! Wie hat sie diese Weite vermisst! Und diese wunderbare Seeluft! Tief zieht sie die herrliche Feuchtigkeit in ihre Lungen, genießt den zarten Fischduft, kostet das Leben.
Isabel hat sich vorgenommen, das Grab ihrer Eltern zu besuchen und einen Blick in die Kirche zu werfen. Jetzt aber gehen ihre Füße, ob sie es will oder nicht, in die andere Richtung. Das Binnenbecken liegt zu ihren Füßen, Eichen stehen stramm wie treue Wächter, das Wasser ruht glatt zwischen Strandbad und Grünem Damm, Paare gehen Hand in Hand am Ufer entlang, Kinder rennen über die Wiese – ein Bild für Götter! Ein heiliges Stück Welt, ein Stück ihrer Kindheit und Jugend.
Zu dumm, dass sie diese hübschen Pumps angezogen hat! Obwohl die Absätze eine halbwegs moderate Höhe haben, wird sie hier nicht gehen können. Kurz entschlossen schlüpft sie aus den Schuhen heraus. Mit den Seidenstrümpfen wird das auch nichts. Ach was, ist doch egal, man kennt sie hier nicht mehr. Schnell sind die Strümpfe abgestreift, ein kurzer Moment nur, um den Kleidersaum zu heben. Das stört keinen Fisch und keinen Vogel und keine Ameise auf dem sandigen Kiesboden und keinen Spaziergänger, denkt sie. Hier sind lauter fremde Menschen, lauter Unbekannte unterwegs. Kein altvertrautes Servus, kein Hoi, kein Winken,

kein Zulachen, nichts. Zu lange war sie weg. Sie stopft Schuhe und Strümpfe in ihre große Häkeltasche, zieht dabei die Einladung zum Klassentreffen heraus, diesen Zettel, den sie zuhause ausgedruckt hat.
„Treffpunkt um 20:00 Uhr im Seecafé", hat Petra geschrieben. „Lasst uns in Erinnerungen schwelgen, lasst uns Neuigkeiten austauschen und einen fröhlichen Abend verbringen."
Petra! Sie hatte noch nie viel Fantasie.
„Und alte Wunden heilen", denkt Isabel, „und einen kleinen Film anschauen."
Sie greift in die Tasche, fühlt durch den Stoff des Innenfutters die Kanten des kleinen digitalen Datenspeichers. Ja, da ist er, der winzige Stick.

Der Boden ist feucht und kühl unter ihren nackten Füßen. Erst mittags hat sich die Sonne hervorgewagt und lugt jetzt freundlich zwischen den breiten Weiden und den mächtigen Ahornarmen hindurch. Hundebesitzer führen ihre Hunde aus, stets mit dem grauen Säckchen in der Hand, dann und wann eine Radfahrerin, ein Spaziergänger, eine Familie. Das Wasser liegt makellos, glatt und unschuldig zwischen den Ufern. Blässhühner führen ihre Küken aus, Schwäne watscheln ans Ufer und die alten Möwen kreischen wie eh und je.

Fast fröhlich geht Isabel am Grünen Damm hinaus. Weit draußen setzt sie sich auf eine Bank mit Blick zum Strandbad. Diese Wohnblocks nebenan, musste das sein? Sowas von hässlich! Die einst geliebte Dorfkirche hingegen steht noch immer da. Klein und lieblich wirkt sie aus der Ferne. Wie hineingezeichnet in die Landschaft, denkt Isabel und überlegt, ob sie ihr später einen Besuch abstatten solle.

Sie liebte es damals, über Gott nachzudenken, diesen Großen, Allmächtigen, diesen Allesversteher und Allesverzeiher, diesen Allgegenwärtigen, den man immer und jederzeit um etwas bitten konnte, bei dem man sich aussprechen konnte, ausweinen, der einem den Weg zeigen würde und der irgendwann alle Ungerechtigkeit ausgleichen würde. Die Jazzmessen mit dem göttlichen Kaplan Herbert Spieler und seiner E-Gitarre, sie waren das größte Erlebnis ihrer Pubertät und das größte Ärgernis der braven Pfarrgemeinde.
Mittlerweile schickt die Sonne ihr rotes Licht flach durch die Sträucher, verwandelt das Stück unverbauten Ufers mit seinem Schilf und seinem Wassergras in eine romantische Schattenlandschaft. Isabel setzt sich dicht an eine alte Weide, die ihren rauen Stamm tief über das Wasser beugt.
Einmal lauerten sie ihr auf und brachten sie zu Sturz mit dem Fahrrad. Dann krallten sie sich in ihre Brust wie die wilden Tiere. Alle drei, Werner, Willi, Wolfi, das berüchtigte W-Trio. Petra und Alice kamen hinterher über die kleine Bücke bei der Schule am Dorfbach, kicherten und steckten die Köpfe zusammen. Alice! Verheiratet mit Wolfgang. Geschieht ihr recht! Und Petra als Frau des Vermögensberaters Werner Schädl, selbst Sonderpädagogin.
Wenn sie wüssten!
Von Willi hat Isabel nichts gesehen, nichts gehört, nichts gefunden. Zu allem Überfluss war sie in ihrer kindlichen Unschuld verliebt in ihn, damals, träumte von seinen wasserblauen Augen und der dunklen Haarlocke in seiner Stirn.
Plötzlich überkommt Isabel eine unbändige Lust, ins Wasser einzutauchen. Zu dumm, dass sie keinen Badeanzug dabeihat!
Aus der Ferne klingt eine zarte Klaviermelodie. Sie lauscht den verwehten Tönen, steht auf und geht wie ferngesteuert

die paar Schritte zum Wasser. Andächtig watet sie über den sumpfigen Boden. Brr! Ein bisschen kalt noch! Erfrischend könnte man es nennen!

Wie viele Tage und Wochen hat sie in der Dunkelheit eines Krankenhauses verbracht oder in verschiedenen Hallenbädern oder ist einfach nur im Zimmer gesessen und hat über ihr Schicksal nachgedacht!

Sie holt die grüne Tasche näher zum Ufer heran und zieht sich ihr Kleid über den Kopf. Sorgfältig bettet sie es auf die Tasche, öffnet den Verschluss des leichten Sport-BHs und legt ihn dazu. Den Slip? Runter damit und hinein ins Wasser, kurz und schmerzlos.

Kraftvoll stößt sie sich mit Armen und Beinen vom Ufer weg, hinaus in die Weite. Herrlich! So hat sie es in Erinnerung! So soll es sein! Nicht eng und chlorverseucht wie im überfüllten Therapiebad! Weit voran streckt Isabel ihre Arme – scheiß auf die Frisur und die Schminke! – und legt das Gesicht ins kühle Nass. Dann wieder lässt sie sich fallen, lässt sich tragen und tastet mit den Händen nach den gemarterten Brüsten. Da sind sie, die Nähte unter den Armen. Sie legt ihre Hände um die kleinen Rundungen der Implantate und wagt sich weiter vor zu den Warzen. Nein, die stellen sich nicht mehr auf. Es ist nicht mehr dasselbe, nie mehr! Man kann nicht alles haben.

Klaviermusik streicht aus der Ferne über den Wasserspiegel. Spielt ihr das Gedächtnis einen Streich? Isabel lauscht dem Piano. Ist es Einbildung? Sie hat Klavier gespielt, als Kind. Papa zuliebe. Sie hat es geliebt und gehasst und vor einigen Jahren ihre Freude daran neu entdeckt.

Sie ist weit genug draußen, man wird sie nicht sehen, ihre Nacktheit nicht erkennen. Sie legt sich auf den Rücken, schließt die Augen, faltet die Hände hinter dem Kopf und lässt sich tragen. Sie dreht und wendet sich, rollt im Wasser, dann wieder steht sie senkrecht darin und tritt sanft mit den Füßen. Wahrscheinlich waren ihre Vorfahren keine Affen, sondern Walrosse oder Nilpferde, denkt sie. Weiter und weiter schwimmt Isabel. Das Ufer, das sie verlassen hat, ist gleich fern wie das Strandbad gegenüber. Es ist fast dunkel geworden. Oh Schreck! Sie ist nicht hier zum Schwimmen! Hastig krault sie zurück, ohne innezuhalten, ohne weitere Genusspausen. Das Fest wird schon begonnen haben, die große Umarmerei und Küsserei. Darauf kann sie verzichten. Aber in der Dunkelheit hier draußen, allein – das muss nicht unbedingt sein!

Hektisch und schnaufend kriecht sie zum Ufer, duckt sich möglichst lange ins Wasser. Wo ist ihr Kleid? Ihre Tasche? Ihre Sachen? Hat sie sich verirrt? War es nicht diese schiefe Weide, die so tief im Wasser steht und derart weit hinausragt? Hat sie die Orientierung verloren? Alzheimer? Das auch noch. Oh Gott! Nein, sie kann nicht nackt ans Ufer rennen! Ein paar Leute sind noch unterwegs. Also schwimmt sie wieder hinaus und sucht schwimmend das Ufer ab. Bestimmt ist es schon nach acht Uhr, weit nach acht. Sie wird zu spät kommen, viel zu spät.

Endlich sieht sie einen Hund mit einem Fetzen in der Schnauze! Das wird nicht ihr Kleid sein! Ihr Lieblingskleid in der Hundeschnauze? Sie winkt und ruft und schreit. Der Hund gehört zu einem Fahrrad, einem Dreirad oder etwas Ähnlichem.

Nutzt nichts, denkt Isa und geht an Land, nackt und nass von Kopf bis Fuß. Der Hundebesitzer ist auf sie aufmerksam geworden. Ein älterer Mann mit strähnigem grauem Haar in schlabberigen Boxershorts und Sandalen befiehlt: „Pongo, hierher!"

Isabel bleibt ein paar Meter vor dem Gespann stehen, die Hände vor den Schamzonen, als könnten sie etwas ändern an ihrer entblößten Erscheinung.

„Gehört das Ihnen?", ruft das Hundeherrchen ihr zu und winkt mit ihrem BH in seiner Hand.

Isabel erstarrt. Dieses Gesicht kennt sie! Selbst im schwachen Schein seiner Fahrradleuchte erkennt sie diese eng stehenden Augen, das freche Blitzen darin und vor allem kennt sie diesen Unterkiefer, der zu lang ist und dem Gesicht etwas Tierisches verleiht oder auch etwas Erotisches, besonders wenn er spricht und die unteren Schneidezähne die oberen einschließen.

„Pongo! Lass das!", herrscht er seinen Hund an.

Isabel hat es die Sprache verschlagen. Dieser Mensch hier, das ist, das ist, das ist doch Willi! Der hübsche, blauäugige, freche Willi mit der schwarzen Haarlocke! Die Haarlocke freilich ist weg, die restlichen Haare sind grau und dieses Fahrrad – das ist ein Behindertenfahrrad, ein Dreirad mit Motor!

Isabel geht einen Schritt zurück, korrigiert ihre Hände über der Scham und den Brüsten. Wie peinlich!

„Ja! Gib her! Gib schon her!", ruft sie panisch.

„Es tut mir sehr leid! Sie waren wohl weit draußen", sagt er freundlich mit dieser immer noch klaren Stimme. Willi, es muss Willi sein! Oder spielt ihr die Fantasie einen Streich? Hat die Chemo ihr Gehirn zerstört? Vollkommen zerstört, aufgefressen, vernichtet? Der Behinderte, nein, das darf man nicht sagen, der nette Mensch mit dem Handicap legt ihre Tasche, ihren BH und ihren Slip – oh Mann! – behutsam auf den Boden. Von seinem Charme und seiner sportlichen Figur ist nicht mehr viel übrig geblieben. Und warum hat er sich diesen Vorbiss nie korrigieren lassen?

„Tut mir leid, mein Pongo ist ein Trüffelhund. Er muss Ihre Sachen wohl mit einer Beute verwechselt haben.“ Taktvoll entfernt er sich auf seinem Gefährt, während Isabel wie angewurzelt stehen bleibt. Wer braucht ein Behindertenfahrrad? MS? Schlaganfall? Querschnittlähmung?

Fahrig hebt sie ihre Sachen vom Boden auf und flüchtet unter den riesigen Ast der alten Weide.

Willi! Ein alter Mann. Vor ihm braucht sie sich nicht mehr zu fürchten.

Ihre Haut ist kalt und feucht. Mit einer Hand stützt sich Isabel am Baumstamm ab, mit der anderen hält sie die Unterhose und balanciert ein Bein nach dem anderen in die jeweils richtige Öffnung. Diese lästigen Gleichgewichtsstörungen. Mit dem BH geht es etwas leichter. Das Kleid ist zwar ein bisschen zerknittert, aber egal. Sie streift es über die schmale Figur. So, jetzt ist sie wieder salonfähig.

Und der USB-Stick? Mit zittrigen Fingern öffnet sie die Innentasche ihres Häkelbeutels und greift nach dem Stick. Gerettet! Er ist noch da. Alles gut. Auch der Geldbeutel ist da und gerade in dem Moment klingelt ihr Handy. Alice! Wieso ruft sie an? Isabel tippt auf den roten Punkt und steckt das Handy wieder ein. Später! Sie werden sich ohnehin bald sehen. Obwohl – Isa ist nicht mehr überzeugt davon, dass sie den Augenblick genießen wird, in dem ihre sogenannte Freundin von damals den Angetrauten in eindeutiger Position sehen wird. Manche Männer benehmen sich auf Betriebsausflügen wie räudige Hunde! Bildungsreise in Berlin! Pah!

Selbst wenn er nass geworden wäre, der Stick, schießt ein unnötiger Gedanke durch Isabels Kopf, selbst dann wären die Videos noch vorhanden.

Das Dreirad ist weitergefahren. Über Willi hat sie keinerlei neuere Informationen. Er hat nicht wie die anderen beiden Lackaffen eine Handelsakademie besucht, sondern sich für irgendeine technische Lehre entschieden. Danach? Keine Ahnung. Es hat sie auch nicht mehr interessiert.
Jetzt schnappt sich Isabel die Tasche mit den Schuhen und Strümpfen und den anderen Habseligkeiten und läuft barfuß auf dem Damm zurück zum Festland. Sie stolpert und hastet, sie flüchtet und rennt. Warum eigentlich? Will sie wirklich dorthin? Will sie sich das antun? Will sie diese Gesichter alle sehen? Alice, Petra, Bruni und Luise und wie sie alle heißen? Werner und Wolfi und Günther, Josef, Karl-Heinz und Linus? Linus, ja, okay, der war eigentlich nett, ganz in Ordnung.
Am Ende ist der neue Uferweg ein Stück weit asphaltiert. Und hier steht doch tatsächlich ein Klavier, ein leicht ramponierter Flügel, ein alter „Schimmel“, schwarz, glänzend, ehrwürdig. Daneben ein Schild der Open-Piano-Aktion.
Wie ferngesteuert bewegt sich Isabel darauf zu, lehnt die Tasche an die Klavierbank, setzt sich und hält einen Moment inne, schlägt dann mit dem rechten Zeigefinger ein C an, vorsichtig, dann mit der linken Hand die Oktave dazu und die Quint, spielt mit den Akkordtönen und leitet über in das einzige Lied, das sie auswendig kann: *Let It Be*. Wie von selbst gleiten ihre Finger über die Tasten, greifen links die Akkorde und heben rechts die Melodie hervor, trällern kleine Verzierungen und improvisieren zwischen den Strophen.

Sie nimmt nichts wahr außer den Tönen, die sich im Inneren des Instruments zu weichen Harmonien formen, die der offene Flügel freigibt und über das Schwäbische Meer hinausträgt. Als ihr letztes *Let It Be* verklungen ist, *Whisper words of wisdom* mit einem satten Akkord abschließt, erst jetzt schaut sie auf, sieht die Menschen stehen, sieht sie mit ihren Handys filmen, hört sie „Bravo" rufen und blickt geradewegs in das Gesicht des Mannes auf dem Dreirad, blickt in wache wasserblaue Augen und weiß im selben Moment, dass er sie erkannt hat.

Vorsichtig bewegt er sein Fahrzeug auf sie zu, den Mund leicht geöffnet, umrandet mit grauen Bartstoppeln, den kuscheligen Hund mit seinem lockigen Fell artig an seiner Seite.

„Es tut mir leid. Es tut mir so vieles leid! Isabel, du hast wunderbar gespielt!"

In völliger Verwirrung rennt sie weg, weg vom See, direkt zum Friedhof und in die Kirche hinein.

Wenn sie noch beten könnte, wenn sie noch glauben würde, so würde sie Gott danken. Nein, sie glaubt nicht mehr, glaubt nichts mehr, glaubt nicht mehr an einen Gott, nicht mehr an das ewige Leben, nichts mehr. Da vorne steht ein Altar, auf dem Brot und Wein verwandelt werden. Was für ein Witz! Was für ein Märchen! Was für ein Unsinn!

Nein, Isabel ist nicht mehr gläubig, nicht mehr so, wie sie es früher war, überhaupt nicht mehr. Aber verzeihen kann man immer. Was würde ihre Therapeutin dazu sagen? Man darf böse sein, aber man muss es nicht.

Die Sonne hat sich auf die andere Seite der Erde verzogen. Noch einmal geht Isabel die paar Schritte zum Seeufer. Sie kramt den Stick aus ihrer Häkeltasche heraus und wirft ihn im hohen Bogen weit ins Wasser hinaus. Vernichtet sind sie nicht, die Daten, denkt Isa, aber man wird sie nicht mehr finden. Dann geht sie zu ihrem kleinen grünen Punto und fährt ab nach Bludenz. Fürs Seecafé ist es zu spät, aber Viktor wird sich freuen.

Einstein

Wer hatte diese Schnapsidee, ihn hierherzustellen, mitten in die Stadt, vor dieses blöde Schuhgeschäft?
„Jetzt stehe ich vor diesem dummen Schaufenster und dieser Alte schaut mich blöd an", denkt Alfred. „Wie der schon drinnen hängt in seinem Rollstuhl, komplett einseitig!"
„Aufrecht sitzen!", möchte Alfred ihm zurufen, „Rücken gerade!", wie er es zu Hause gelernt hat. Darin ist sein Vater streng gewesen! Früher hat man noch Wert gelegt auf Körperhaltung!
Alfred wendet sich ab von diesem Typen in Jogginghose und Poloshirt, der seinen Blick nicht von ihm abwendet. Wo bleibt sie denn, seine Alma? War sie es, die ihn hierhergeschoben hat vor all diese Treter?
Aber stimmt: Wie lange hatte er eigentlich keine neuen Schuhe mehr? Er beugt sich vor und blickt über die abgewinkelten Knie auf seine Füße. „Bequem sind sie ja, diese Gesundheitsdinger. Aber ich bräuchte mal wieder neue schwarze Lederschuhe. Oder Lackschuhe! Wie damals im Tanzkurs."

Da, schon wieder, dieser Alte mit seinen strubbeligen weißen Haaren, der gafft ihn an. Haare hat er wie Einstein. „Einstein, der Erfinder des Schießpulvers", denkt Alfred. „Und ein kleines schmales Gesicht voller Falten. Echt alt sieht der aus. Der hat sie nicht mehr alle!"
Alfred zieht seine buschigen Augenbrauen zusammen und presst die schmalen Lippen aufeinander. Und siehe da, der im Schuhschaufenster macht auch ein grimmiges Gesicht und sein Schnauzer unter der kleinen Nase stellt sich auf, als

wären da lauter kurze graue Schweineborsten. Man könnte ihm die Zunge herausstrecken. Aber das wagt ein Herr Professor nun doch nicht. Besser, er schaut weg. Der Gescheitere gibt nach.

Wo bleibt sie denn nur? Sie kauft wohl neue Sandalen. Oder hübsche Stöckelschuhe. Wie lange kann das dauern? Sie überlässt ihn diesem Griesgram im Schaufenster. Gehört sich das? Was macht der bloß mit seinen Händen? Mit der Rechten knetet er seine linke Klaue. Er spitzt seine Finger. Wie doof sieht das denn aus!
„Wenn ich nicht mehr gerade sitzen könnte und solche Hände hätte, dann würde ich zu Hause bleiben", denkt Alfred. Und schon wieder trifft ihn der Blick Einsteins. Energie ist gleich Masse mal Lichtgeschwindigkeit hoch 2. Was war das noch mal?
Nein, jetzt wird es ihm zu dumm! Jetzt ist es genug! Er wird sich zu helfen wissen. Wie hat sein Vater immer gesagt? „Man muss sich zu helfen wissen." Genau! Und die nette Frau damals – wie hieß sie eigentlich? –, die hat ihm eingebläut: „Sie müssen zu einer Handlung kommen, Herr Steiner!" Richtig!

Entschlossen legt er die Ellenbogen auf die Armlehnen seines Stuhles und stützt sich mit aller Kraft auf. Er verharrt kurz, beugt sich etwas vor, konzentriert sich und drückt sich dann auf die Hände hoch. Gelacht wäre das! Er will hier weg. Er will nachsehen, wo Alma so lange bleibt. Seine Füße, seine Füße, die müssen auf den Boden. Mann, sind die aber schwer! „Auf den Boden, Alfred!" Und platsch – was war das jetzt? Aua!

Ein kräftiger Mann in Jeans und T-Shirt kommt angerannt. „Herr Steiner! Was machen Sie für Sachen!“, ruft er aus, als wäre er verantwortlich für den Sturz.
Mit einem gekonnten Griff unter Alfreds Schultern hebt er seinen Schützling vom Gehsteig hoch. Ein Passant schiebt den Rollstuhl heran und fixiert ihn. Und schon sitzt Alfred wieder auf seinem Platz.
„Dieser Alte dort drinnen, der hat mich die ganze Zeit angestarrt! Anzeigen sollte man ihn! Und wo ist überhaupt meine Alma?“, fragt er ärgerlich. „Aaalmaaaa!“
„Haben Sie noch etwas Geduld, Herr Steiner, ich werde Sie jetzt schön nach Hause bringen und dann können wir sehen, ob Ihre Frau schon da ist.“

Bis dann

Die Zähne bleiben
im Becher bis zum aller-
letzten Schminktermin.

KALTERER
SEE
1968

Ein Glas Rotwein

Kalterer See 1968

„Nicht schlecht, dieses Zimmer“, dachte Günther. Er selbst wohnte noch bei seinen Eltern, aber Evelyns Erzählungen über ihr Zuhause und über das katholische Internat für die zukünftige Kindergärtnerin klangen nicht sehr glücklich. Ein richtig braves Mädchen hatte er sich angelacht.
„Nicht schlecht“, sagte er laut und überlegte, ob er sich auf den Stuhl beim Schreibtisch setzen sollte oder ob er sich aufs Bett fallen lassen durfte, so als wäre nichts dabei, so als wäre es kein Bett und als hätte er keine Fantasie dazu.
„Hat dich die Vermieterin gesehen?“
„Keine Ahnung. Wieso? Ist Herrenbesuch verboten?“
„Genau genommen schon. Aber Ursulas Freund kommt auch oft und Frau Meier hat bisher nichts gesagt.“
Evelyn hatte ihre rundlichen Schenkel in eine Bluejeans gepackt und trug eine bestickte Bluse mit weiten Ärmeln lose darüber. Ihr braunes Haar glänzte wie frisch gewaschen, das war es vermutlich auch, und glitt offen auf ihre Schultern. Mit dunklen Augen blickte sie unter ihren Stirnfransen hervor. Schüchtern? Ängstlich?
„Schau, du magst doch Rockmusik, oder?“, fragte er unnötigerweise und reichte ihr eine Musikkassette. Sie hatten getanzt, letzten Samstagabend in der Disco, und Evelyn hatte einen flotten Rock’n’Roll hingelegt.
Gestern Abend, vor der üblichen Lokaltour mit den Kumpels, hatte er eine Kassette zusammengestellt mit den neuesten Hits der *Beatles*, der *Bee Gees* und der *Rolling Stones* und – weil sie so stolz darauf gewesen war, die Namen alle her-

unterrasseln zu können – mit *Dave Dee, Dozy, Beaky, Mick & Tich*. Er hoffte, sie habe einen Kassettenrekorder in ihrem privaten Studentenzimmer.
Evelyn ließ einen lauten Juchzer hören, hüpfte zum Nachtkästchen und drückte eine Taste auf ihrem Gerät. Lautstark sprang das Kassettenfach auf. Günther setzte sich nebenan aufs Bett – immerhin hatte sie eine Tagesdecke daraufgelegt, vermutlich diente es tagsüber als Sofa – und schaute auf ihren aufgeräumten Schreibtisch. Ein Schulheft lag aufgeschlagen in der Mitte des Tisches und eine braune Federschachtel daneben. Am rechten Rand stapelten sich ein paar Bücher und aus einer Schachtel lugten Wollfäden und Papierteile heraus. Sie musste wohl allerlei Bastelzeug vorrätig haben für den Kindergarten.
Eine Kindergärtnerin. Warum nicht?
„Hey, spielst du Gitarre?", fragte er hocherfreut mit Blick auf das Instrument, das in der Ecke lehnte.
„Ein bisschen, ja, muss ich wohl", gab sie sich bescheiden.
Die Kassette begann mit *Odessa* von den *Bee Gees*. Es war zwar nicht seine Lieblingsband, aber er wollte einen schönen Mix vorlegen. Evelyn verdrehte ihre braunen Augen, trat neben ihn, wuselte in seinen langen Strubbellocken und sang dazu mit ihrer hellen Mädchenstimme.

„Ah", sagte sie dann, „ich habe uns eine Flasche Wein gekauft", und griff unter den Schreibtisch nach einer Flasche und einem Korkenzieher. Auf dem Fenstersims standen zwei Wassergläser. Günther schielte auf das Weinschild. Kalterer See 1968. Na ja. Aber sie war so stolz darauf.
„Soll ich?", fragte er pflichtbewusst und nahm die Flasche und den Korkenzieher an sich.

Plopp. Sie stießen an, es klirrte. Günther schlürfte vorsichtig ein kleines Schlückchen, während Evelyn durstig einen ordentlichen Schluck nahm. Noch immer stand sie unbeholfen herum, mit dem Glas in der Hand, und plauderte von der Schule, von den Kindern und von den Abschlussprüfungen, die nächste Woche starten würden.
Günther stand auf, eigentlich wollte er eine Zigarette rauchen, aber stattdessen stellte er das Glas auf den Fenstersims und reichte ihr die Hand zum Tanz. *I'm A Believer* sangen die *Monkees*. Erst tanzten sie sämtliche Rock-'n'-Roll-Figuren, die sie kannten. Schließlich aber tanzten sie nur noch eng aneinandergeschmiegt.
Bei *It's All Over Now* von den *Stones* war die Flasche leer und Günther küsste ihre feuchten Lippen und legte sie sanft aufs Bett. Ihre Haut war heiß und glatt, ihre Brüste fest und rund und Günther wollte nur eines. Aber plötzlich schob sie ihn zur Seite, sprang auf und rannte zur nächsten Türe hinaus. Er hörte einen Schwall und ein Stöhnen und schließlich die Klospülung.

Bordeaux 2020

„Heute!", sagte sie sanft. „Heute. Denke nicht an morgen!"
Tja, wenn das so einfach wäre.
„Weißt du noch den Code vom Safe?", fragte Günther. „Und das Testament liegt beim Notar."
„Hör schon auf", bat Evelyn. „Bestimmt geht alles gut und du bist nächste Woche schon auf REHA und danach bist du wieder hier."
Günther strich mit trockener Hand über seine drahtigen Locken und schaute auf Evelyn, die geschäftig vom Wasch-

becken zur Kaffeemaschine ging, Wasser einfüllte und nebenbei das Radio einschaltete.

Ganz schön rundlich war sie geworden, seine Frau. Aber sie war gesund. Gesund und munter. Sie schnitt Brote ab, sie goss das Teewasser in die Kanne, sie deckte zwei Dessertteller, zwei Messer, Butter und Marmelade, ein paar Scheiben Schinken und etwas Käse. Seit mehr als vierzig Jahren frühstückte er mit seiner Frau. Mehr oder weniger. Heute vielleicht zum letzten Male. Heute besonders feierlich.

„Weißt du was“, sagte er. „Weißt du, wozu ich Lust hätte?“

Er hob die Hand und wollte sagen, dass sie ein letztes Glas Wein trinken könnten, heute, da er seine Eingeweide noch vollständig hatte. Es war doch schon egal. Egal, ob ihm schlecht werden würde oder was auch immer. Egal. Alles egal. Aber der Nachrichtensprecher berichtete von großen Verlusten an der Ostfront der Ukraine und Evelyn hörte aufmerksam zu, hatte sich abgewandt von ihm, von diesem alten Elend in ihrer Küche, und hörte auf die Welt.

„Was wolltest du sagen?“, fragte sie schließlich, drehte das Radio aus, fasste seine Hände und sah in seine Augen. „Wozu hättest du Lust?“

Eigentlich hätte er gerne noch ein wenig Musik gehört. Stattdessen murmelte er: „Ach, nichts. Es ist sinnlos“, und ließ den Kopf zwischen die schmalen Schultern sinken.

Aber Evelyn hatte denselben Gedanken gehabt. Ein Glas Rotwein. Zum Frühstück. Ein Glas nur. Das wollten sie sich gönnen. An diesem besonderen Tag. Man konnte ihn genießen oder aber erleiden.

Sie hatte schon vorgesorgt und aus dem Keller eine Flasche Bordeaux geholt, Jahrgang 2020, und ihn bereits geöffnet. Mittlerweile konnte sie gute von mittelmäßigen Weinen unterscheiden und hatte auch gelernt, dass Weine atmen müssen. Günther hatte einen schönen feinen Weinkeller eingerichtet. Evelyn nahm aus dem Glasschrank im Wohnzimmer zwei Kristallgläser und rieb sie mit einer frischen Stoffserviette aus. „Das ist nun doch ein bisschen übertrieben", dachte er. Sie nahm die Flasche, zeigte ihm die Etikette, lächelte gekünstelt und schenkte ihm einen Schluck Rotwein ein.

„Schon gut", sagte er, „schenk ruhig ein."

„Und bring mir eine Zigarette", dachte er in sich hinein, „eine allerletzte."

Er nahm das Glas, hob es hoch und blickte seine Evelyn an. Sie steckte ihr Näschen fast ins Glas hinein und atmete tief ein. Evelyn war auch alt geworden. Aber ihr sommersprossiges Gesicht war noch immer freundlich. Ihre Haare färbte sie braun und ihre Bewegungen waren flink und leicht. Sie hatte sich gut gehalten. Er hatte gut für sie gesorgt. Vorsichtig stießen sie die Gläser aneinander, nickten und nippten an diesem edlen Tropfen.

„Wie lange hat es eigentlich gedauert", dachte er laut nach, „bis ich dir meine Plattensammlung gezeigt habe?"

„Ach, herrje!", rief sie aus. „Am zweiten Wochenende war ich schon in deinem Zimmer und habe deine Mutter kennengelernt."

„So ein schlimmes Mädchen warst du", lachte er. „Wer hätte das gedacht?"

Seine Augen füllten sich mit Tränen. Es war vorbei. Alles war vorbei. Zu viel hatte er seinem Körper zugemutet. Seine Gedärme machten nicht mehr mit.

„Ich bereue nichts", sagte sie, „es war eine schöne Zeit."

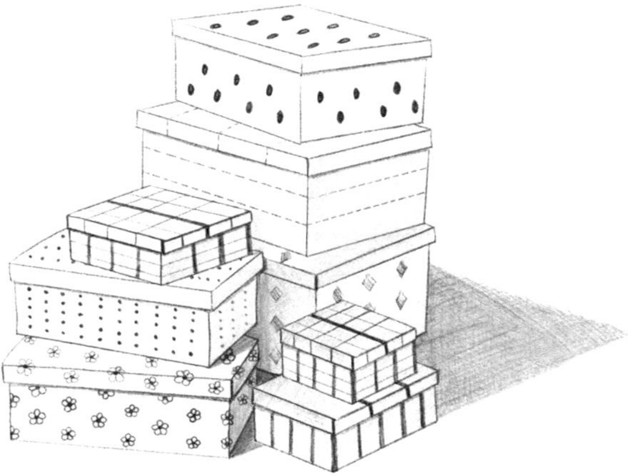

Mamas kleine Welt

Dass es so ausarten würde – wer hätte es gedacht? Zwar ist Mama immer schon konsequent gewesen in ihren Handlungen, ausdauernd und oftmals extrem, aber bisher hat sie stets wieder abgelassen von ihren Projekten. Jetzt jedoch, jetzt gebe ich die Hoffnung auf. Ihre Schwäche für schöne Schachteln und für Schachteln im Allgemeinen hat bedenkliche Formen angenommen. Ich sollte dringend Dr. Bickel kontaktieren.

Immer schon liebte sie es, diverse Geschenke in geblumte oder gestreifte oder getupfte Dekorschachteln einzupacken. „Schau, wie schön!“, konnte sie sagen. „Falls Laura den Schal nicht braucht, so hat sie wenigstens eine hübsche Schachtel.“ Als Kind schon musste ich sie von den bunten Schachteln in der Papeterie wegziehen. Sie bewahrte jeden Schuhkarton auf und jede Pralinenschachtel und jeden halbwegs brauchbaren Spielzeugkarton und die überaus praktischen Fünf-Kilo-Kartons der Elstar-Äpfel, später auch die kleinen Kartons der Handys, den Karton ihres Tablets und schließlich auch jene Riesenkartons, die von den neuen Haushaltsgeräten anfielen.

Sie hat echt gute Ideen, meine Mutter. Und geschickt ist sie auch. Man kann sie bewundern! Heuer im Frühling, etwa zur Osterzeit, baute sie ein Spielhaus für unsere beiden Mädchen. Es war supertoll und bunt und stabil und – genial! Man konnte nicht ahnen, wozu es dienen würde.

Gerade als Papa sich beklagte, der ganze Keller sei vollgeräumt mit unnützen Schachteln, stellte sie den großen Karton des Kühlschrankes ins Wohnzimmer, zeichnete Fenster und Türe auf, stellte die Klappen der oberen Schachtelteile

schräg auf und klebte sie mit Paketband zu einem spitzen Dach. Meine große Tina schnitt unter Omas Anleitung mit dem Stanleymesser eine senkrechte und zwei Querlinien für jedes Fenster und ritzte einen senkrechten Falz für die Läden. Fenster und Türen konnten geöffnet und geschlossen werden – nämlich wirklich geschlossen. Mama suchte in ihrer Knopfkiste die größten Knöpfe, nahm Baumwollgarn und Nadel und nähte an der Türe innen und außen Knöpfe an, ließ dabei einen Hals für das Gummiband, das sie am „Türrahmen" durch zwei Schlitze zog. Sie war in ihrem Element. Ebenso fabrizierte sie Verschlüsse an die Fensterläden. Die kleine Betty spielte inzwischen Verstecken in und um das Haus herum und warf es alle paar Minuten fast um.
Alle drei, Oma und Enkelinnen, waren fröhlich bei der Arbeit. Die Puppen wurden auf Kissen gebettet, Betty schleppte ihr Töpfchen in das Haus. Teddy und Hase und Affe und Löwe mussten schlafen gehen. Wunderbar! Eine Idylle! Ich hatte meine selige Ruhe und checkte mit Papa die Flüge nach Alicante.

Bei unserem nächsten Besuch wurde das Schachtelhaus angemalt. Mama hatte Plakatfarben und Pinsel und Malerkittel sowie eine riesige Plastikunterlage angeschleppt. Die Kinder jubelten und malten lustig drauflos. Mama bestand auf grünen Fensterläden, Tina malte Blumen auf eine Hauswand und Betty strich mit der kleinen Malerrolle rote Striche hier und dort. Toll sah es aus! Ein Kunstwerk!
Bis zur nächsten Woche hatte Mama Vorhänge genäht und Holzdübel vorbereitet für die Vorhangstangen, die sie in Garnschlaufen legen wollte. Jetzt war mir die Sache nicht mehr geheuer. Die Kinder hatten die Lust am Haus verlo-

ren. Sie spielten mit Playmobil, aber Mama platzierte weitere Schachteln in das Haus hinein: Tisch, Betten für die Puppen, Kleiderschrank und kleine Puppenhocker.
„Na los, Tina, zeig mal deiner Puppe, wie sie hier wohnen kann! Und räume die Puppenkleider in den Schrank!"
„Gleich, Oma. Ich will hier den Reiterhof fertig aufbauen. Oma, spielst du mit? Bist du die Reitlehrerin?"
In der folgenden Woche stand ein weiteres Schachtelhaus im Wohnzimmer meiner Eltern.
„Es gibt jetzt mehr Platz hier drinnen, eines ist zum Schlafen, eines zum Wohnen", erklärte sie den Kindern. Doch das Spiel wollte nicht mehr gelingen.

Im Sommer flogen wir für drei Wochen zu Silfredos Eltern nach Spanien. Als wir zurückkamen, standen in meinem Elternhaus zwölf Schachtelhäuser! Zwölf! Alle waren bemalt und wohnlich eingerichtet, eines schöner als das andere. Aber Papa war verzweifelt. Der Arme!
Mit Mama war nicht zu reden. Sie zog ihren Schmollmund, verschränkte die Arme vor der kleinen Brust und, ja, ich glaube tatsächlich, sie stampfte mit dem Fuß auf. Dann kroch sie in eines der Häuser und gab keinen Ton von sich.
„Lassen wir es gut sein", sagte ich zu Papa. „Trinken wir Kaffee? Ich habe Cabell d´àngel mitgebracht aus dem Urlaub."
Tina und Betty folgten uns, spielten mit Opa UNO und kämmten mit dem Puppenkamm durch Opas schüttere Haare.

Ich hatte ein ungutes Gefühl, als wir am folgenden Mittwoch meine Eltern besuchten. Papa fing mich gleich in der Garderobe ab, schob mich in die Küche und machte die Türe

zu. Er legte für die Kinder eine CD in den Rekorder und erzählte, dass er großen Streit habe mit Mama. Sie sei eigensinnig, mehr als je zuvor, und aufbrausend und verstockt.
„Wie meinst du das? Bastelt sie noch immer an den Häusern?"
„Nein! Sie wohnt drinnen! Sie kommt nur heraus, um aufs Klo zu gehen. Sie redet kein Wort mit mir, schaut an mir vorbei und verzieht sich wieder in eines der Häuser. Sie nimmt es mir übel, weil ich gesagt habe, es sei genug mit den Häusern! Sie solle mal nicht übertreiben."
So war die Situation vor sieben Wochen. So ist sie jetzt. Mit dem einen Unterschied, dass sich Papa daran gewöhnt hat. Nach und nach hat er still und heimlich einige der Häuser weggeräumt. Im Wohnzimmer stehen nur mehr drei davon. Diese „bewohnt" Mama.
In eines hat Papa eine kleine Matratze, ein Kissen und eine Decke gelegt, außerdem eine Taschenlampe. Ein zweites Haus hat er direkt angedockt. Dort liegt eine Packung Papiertaschentücher und eine Trinkflasche mit frischem Wasser, daneben ein Paar dicke Wollsocken. In ein drittes Haus hat er einen kleinen Hocker gestellt. Daneben liegt ihr Tablet, eine Dose mit Bleistiften und ein Sudokuheft.
Ich habe durch das Fenster gespäht. Mama saß auf dem Boden des „Wohnhauses", klein und blass saß sie da und blickte verstört hoch, als sie mich hörte. Dann fuchtelte sie wild mit ihren dünnen Armen und gab einen zischenden Laut von sich, um mich zu verscheuchen wie eine lästige Katze, die zu nahe kommt.
„Ich glaube, sie löst Tag und Nacht Sudokus", sagt Papa mit hoffnungsloser Stimme und gesenktem Blick. „Wenn ein Heft fertig ausgefüllt ist, wirft sie es zum Fenster heraus."
Das ist der Moment, in dem Papa sie zwingt, ins Badezimmer

zu kommen. Er hilft ihr beim Aus- und Anziehen. „Dann ist sie teilnahmslos und ergeben wie ein kleines Kind", sagt er. Danach bekommt sie eine warme Mahlzeit in ihr Haus und dann ein neues Sudoku-Heft.

So leben meine Eltern ganz friedlich nebeneinander, Mama in ihrer kleinen Welt und Papa in der großen. Er kommt uns einmal die Woche besuchen. Die Kinder lieben ihn, rangeln, balgen und spielen mit ihm. Er geht wieder zur Skat-Runde und macht dann und wann einen Radausflug mit anderen Senioren.

„Und Mama?", frage ich.

„Sitzt und liegt in ihren Schachteln und sagt kein einziges Wort."

Lenas Baby

Ganz schön schwer, die Kleine, als ich sie hochstemme und auf meine Schultern setze. Inzwischen nieselt es nicht nur, sondern es regnet regelrecht. Wir müssen uns beeilen. Irgendwie ist der Weg zum Spielplatz hin immer kürzer als der Weg zurück.

Am Fenster des frisch renovierten Rheintalhauses hält eine Frau ein Baby an die Fensterscheibe. Das Kind tappt mit seinen Händchen ans Glas. Wir schauen hoch und winken.

„Ich werde auch ein Baby haben, wenn ich groß bin", verkündet Lena. „Das zeige ich dir dann, Oma."

„Schön", sage ich, „freut mich", und denke, dass ich die Uroma dieses Babys sein werde.

Ein Kuss wie ein unreifer Apfel

Beim täglichen Spaziergang durch den Obstgarten stellte Ines mit Sorge fest, dass ihr Lieblingsbaum seine grünen Äpfel viel zu früh abwarf. Da lagen sie, die kleinen grünen Dinger, die in wenigen Wochen zu schönen großen Boskop-Äpfeln ausgewachsen sein sollten.

Ines hob einen auf, drehte ihn in ihren Händen, blickte auf die Wurmstiche, sah die braunen Dellen und warf ihn in den gelben Eimer, den sie stets mitführte bei ihrem Kontrollgang. Sie bückte sich da und dort und alle waren sie wurmig, die Äpfelchen. Viele waren bereits angefault und von Ameisen angeknabbert. Ein Biobaum. Hm. Spritzen durfte man den nicht.

Da kam Ingo herübergerannt, Ingo mit seinen bunten Haaren. „Wie kommt es, dass mein Enkelsohn pinke und grüne und türkise Haarbüschel hat? Was ihm daran gefällt?“, fragte sie sich. Dennoch hütete sie sich davor, auch nur die kleineste Bemerkung darüber zu machen.

„Oma, Oma! Papa fragt, ob du nachher zum Abendessen kommen magst.“

„Na, klar, Ingo, gerne! Wann denn?“

„Das Essen ist gleich fertig, glaube ich. Es gibt Lasagne.“

„Mhmah! Ich komme gleich.“

„Lasagne“, denkt sie. „Auch recht. Früher hat es Kraut gegeben und Salate und Kartoffeln natürlich und Apfelkuchen und Apfelkompott und Zwetschkenmarmelade. Alles aus dem eigenen Garten. Lasagne. Heute wachsen Tomaten und Paprika wie nichts hier auf unseren Feldern.“ Wie nichts – nein, das stimmte auch wieder nicht ganz. Meistens wurden sie gedüngt und gespritzt.

Die Lasagne schmeckte sehr gut und Ines blieb noch zum Fernsehen. Während die Gefechte an der Grenze zur Ukraine über den Bildschirm knallten, biss Sohn Patrick in einen saftigen – im Sparmarkt gekauften – rotbackigen Apfel.
„Nein, ich sage nichts", dachte Ines, „nichts darüber, ob es ein gespritzter Apfel aus dem Sparmarkt ist, und nichts darüber, dass Patrick schmatzt wie eh und je."

Ines dachte darüber nach, wie das gewesen war, damals mit Patricks Papa, wie das war, damals im Obstgarten seiner Familie, wie sie hier Fangen und Verstecken gespielt hatten, damals, als Kinder, und wie sie auf die Bäume geklettert waren und wie sie sich später hinter dem dicken Boskop versteckt hatten und wie sie sich geküsst hatten. Nachdem Ines in einen grünen Apfel gebissen und das Gesicht zu einer Grimasse verzogen hatte, lachte Bernd und drückte seine Lippen auf die ihren.
„Igitt, du schmeckst wie ein unreifer Apfel", rief er aus. Sie rannte ihm nach, im Zickzack zwischen den Bäumen hindurch. Pustend und schwitzend schnappte sie ihn am Hemdzipfel.
„Sag das noch einmal", keuchte sie.
„Du schmeckst wie ein unreifer Apfel, ein unreifer Apfel", lachte er und drückte wieder seinen Mund auf den ihren.
„Wäh, du bist so grauslich!", rief sie und rannte völlig verwirrt ins Haus. Damals. Mit vierzehn.
Oft und oft hatten sie sich später an diesen Nachmittag erinnert, später, als sie ein Paar gewesen waren und ihre Küsse süß geschmeckt hatten, was er ihr immer wieder hatte bestätigen müssen, und als seine Küsse leidenschaftlich gewesen und ihre Küsse deutlicher geworden waren, und später wie-

der, als sie die Arbeit im Obstgarten übernommen hatten und Patrick geboren war.

„Was meinst du, Mama, wird der Putin einmarschieren?“, fragte Patrick jetzt.
„Keine Ahnung. Ich will es gar nicht wissen“, sagte Ines, „es ist so schrecklich und wir können nichts machen.“ Etwas anderes fiel ihr nicht ein, etwas anderes wollte sie nicht denken. Die Ukraine war weit weg. Sie war machtlos. Ihre Aufgabe war hier und jetzt mit der Familie, mit dem alten Haus, mit dem Obstgarten.
„All die Äpfel, die unreif vom Baum fallen, die machen mir viel mehr Sorgen. Sag, Patrick, du kennst doch den Kurt vom Obstbauverein, ja?“
„Mama! Es gibt Krieg in Europa und du kümmerst dich um unreife Äpfel!“
Genau. So ist es.

Nichts

„Magst du Tee?“, fragt sie mich. „Hier, trink!“, fordert sie mich auf.
Wie kann ich ihr erklären, dass es mich ekelt? Ekelt, aus ihrer Tasse zu trinken.
„Nein, nicht die Schnabeltasse“, sagt sie.
Aber mir graust auch vor der großen Porzellantasse mit dem dicken Henkel.
„Weißt du noch“, versuche ich abzulenken, „weißt du noch, wie der Tee in London geschmeckt hat? Barbara fragte immer: Have a cup of tea? Bei jeder Gelegenheit, morgens beim Frühstück, mittags, wenn wir von der ‚class' zurückkamen, abends, wenn wir uns zur Familie neben den elektrisch beleuchteten Kamin setzten und versuchten, die englischen Nachrichten zu verstehen. Erinnerst du dich an England?“
„Ja“, sagt sie und lacht, „und du hast überhaupt nichts verstanden.“
„Stimmt. Und du hast mich nicht erlöst aus meiner Not, hast genau verstanden, was die Gastfamilie erzählt hat, und hast kein Wort gesagt. Das war echt gemein von dir!“
„Aber jetzt bist du mir nicht mehr böse, oder?“, will sie wissen.
„Na ja, ein bisschen schon.“

„Magst du vielleicht lieber einen Kaffee? Wenn ich läute, bringt der junge Mann bestimmt eine Tasse Kaffee herauf. Der ist nett. Anfangs ist er oft gekommen und hat mir etwas gebracht und hat mit mir geredet. Aber mittlerweile geht er lieber zu den anderen“, fügt sie resigniert hinzu.
„Nein, danke, ich mag jetzt nichts trinken.“

Wie kann ich ihr erklären, dass ich hier nichts, aber auch gar nichts trinken möchte und nichts essen und nichts anfassen am liebsten.
Mariannes Füße liegen abgedeckt auf einer Rolle. Käseweiß sind sie, diese Füße, gelblich eher und ein wenig geschwollen, irgendwie verformt. Und brennend heiß, sagt sie.
„Fühle mal an meinen Füßen, greif hin und überzeuge dich, dass ich nicht friere. Meine Füße sind immer glühend heiß, ich weiß auch nicht, warum."
Es wird mir nichts anderes übrig bleiben, als diese verunstalteten nackten Füße anzufassen.
„Die sind nicht grausig", sagt sie, „schließlich wäscht man mich jeden Tag gründlich."
„Oh ja, die sind wirklich heiß, wie kann das sein?"
„Mach doch bitte die Balkontüre auf, hier drinnen wird immer viel zu viel geheizt."
Heute ist sie gut zugedeckt mit einer karierten Wolldecke. Außerdem hat man ihr ein rotes Fleece-Jäcklein über das Nachthemd gezogen. Letzte Woche lag sie abgedeckt im Bett, das leichte Hemd hochgeschoben, im Mittelpunkt ihrer Person die bloße Pampers und daraus hervor dünne weiße Beine, unbeweglich, regungslos, abgelegt.
„Magst du einen Tee oder vielleicht einen Kaffee?", fragt sie wieder.
Und ich flüchte in die Erzählung über unsere gemeinsamen Erinnerungen.
„Wenn wir in der Hexe einen Tee bestellten – weißt du's noch? –, weil es noch zu früh war für die Disco, und weil wir nicht besoffen sein wollten, so hat uns der Ober ausgelacht und gescherzt: ‚Und a Tablettn dozua.' Meine Güte, wie haben wir getanzt und geflirtet und geliebt und gelitten!"

„Und du hattest den Reinhard“, lacht Marianne, ein schadenfrohes Lachen ploppt aus ihr heraus, „und der hat dich so verarscht.“
Stimmt, ja, aber ich will mich nicht daran erinnern. Jaja, wir zwei, wir waren einmal jung.

„Charles’ father died last night“, sagt sie auf einmal in die Stille hinein.
„Oh, Mann, erinnere mich bloß nicht daran! Ich dachte, die machen einen Joke, die Engländer, wie sie es immer machten, und ich verstand kein Wort und lachte, denn über einen Witz sollte man doch höflichkeitshalber lachen. Und du, du fiese Freundin, du hattest es verstanden und bist mir nicht zu Hilfe gekommen.“
„Und Barbara hat es wieder gesagt und wieder und dann hast du immer noch mehr gelacht.“
„Komm, hör schon auf! Es war nicht nett von dir, mich so hängen zu lassen.“
Marianne bewegt den Kopf, irgendwas passt ihr nicht mehr. Sie hört nicht mehr zu, sondern verzieht das Gesicht.
„Das Kissen“, sagt sie. „Hilf mir, das Kissen besser unter den Kopf zu legen.“
Aber wie soll ich das machen? Ich wage es kaum, meine alte Freundin anzugreifen. Jede einzelne Faser ihres Körpers schmerzt sie.
„Du musst deine Hand unter meinen Kopf legen und dann kannst du das Kissen darunterschieben. So machen die das hier. Deine Hand – hier drunter.“
Sie strengt sich an und hebt den Kopf ein paar Millimeter hoch. Aber was soll ich mit dem Kissen? Es liegt doch unter ihrem Kopf. Ich schiebe es noch etwas tiefer in ihren Nacken.

Aber irgendwie liegt sie nicht gut. Wie sollte sie auch? Wie sollte sie vierundzwanzig Stunden lang so liegen können?

Du meine Güte, was ist aus ihr geworden? Und ihr nichtsnutziger Mann hat sie längst verlassen. Kinder hat sie keine. Bruder und Schwester besuchen sie regelmäßig und sonst bleibt ihr nichts. Nichts als das Fernsehgerät.
„Magst du fernsehen“, fragt sie mich.
Keine schlechte Idee, denn mit dem Gesprächsstoff ist es so eine Sache.
Doch jetzt öffnet sich die Türe und ein junger Mann grüßt freundlich „die Damen“, räumt die Teetasse ab und meint, die Balkontüre sollten wir vielleicht wieder zumachen, oder ob wir uns noch eine Lungenentzündung holen wollten.
„Das sagt er immer. Aber weißt du, mir ist das egal. Ich will sowieso nicht mehr leben. Wozu auch? Was habe ich noch vom Leben? Wenn du dich auf nichts mehr freuen kannst, was soll das noch?“
Auweia, jetzt kommt das wieder und ich weiß keine Antwort. Oder soll ich ihr erklären, wie froh sie sein kann, dass sie nicht alles wissen und nicht alles erleben muss?
Ich nehme die Fernbedienung von ihrem Betttisch, gebe sie in ihre Hand. Jetzt drückt sie tatsächlich die Ein-Taste und schon flimmert eine piekfeine Krankenhausszene über den Bildschirm.
Eine Weile schauen wir beide zu. Dann stehe ich auf, streiche ihr über die dünnen Haare und über die feuchten Wangen, wünsche ihr einen guten Abend, streiche noch einmal über ihre Haare, schaue in ihre grauen Augen und schlüpfe in meinen Mantel und gehe zur Türe hinaus.

Leiden

und Totsein
beenden
mit Sterben,
um vielleicht
leben zu können.

Kühl und ruhig

Jetzt liegt sie im Kühlraum,
die Gute.
Ein Pfleger hat sie hinausgeschoben
aus dem Krankenzimmer,
stelle ich mir vor,
hat sie auf eine Liege gebettet,
ihre Hände gefaltet,
die Augen geschlossen,
den Unterkiefer hochgebunden
mit einem Band über dem Kopf befestigt.
Nun liegt sie im Kühlraum des Bestatters,
ruht sich aus,
im Stillen, allein,
so wie sie die letzten Wochen und Monate und Jahre
verbracht hat,
einsam und still ausgeharrt,
gewartet
auf irgendeinen Besuch,
auf den Doktor,
der auch so ein Trottel war,
oder auf die Brüder,
die nur dastanden und nicht wussten, was reden,
und vielleicht auf die eine oder andere Freundin,
die ihr schließlich auch nicht helfen konnte.
Da liegt sie im Kühlraum,
während draußen die Luft glüht,
Augen geschlossen, Kiefer gebändigt,
die Windel nicht mehr gewechselt,
wozu auch?

Da liegt sie in angenehmer Kühle –
in eisiger Kälte? –
erstarrt
und wartet auf den Ofen.
Einmal noch wird sie in ein Auto gehievt werden,
ein paar Kilometer weiter südwestlich transportiert
ins Krematorium.
In Würde
das Goldkettchen abgenommen, den Ehering
und den Goldzahn sichergestellt.
So ist das.
So sieht das Ende aus.
So und nicht anders.
Liebe Marianne.

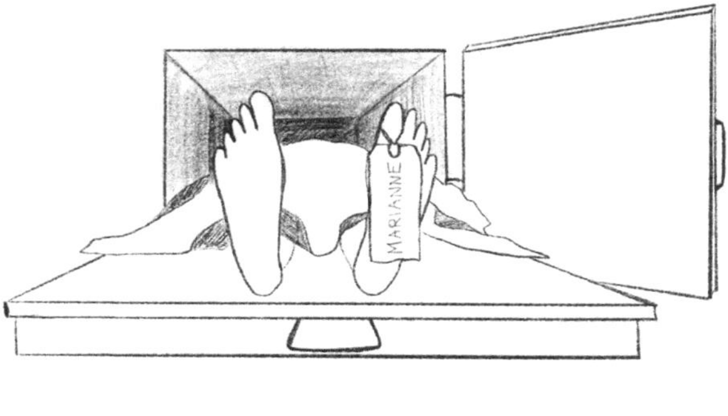

Ein Ende vieler Anfänge

Als ich mit der Schultasche auf dem Rücken zum ersten Mal in die Schule ging, hatte ich keine Ahnung, wie oft ich einen ersten Schultag erleben würde und wie weit entfernt mein letzter Schultag sein würde. Damals marschierte ich an der Seite meines großen Bruders los, aufgeregt, neugierig und ahnungslos.
Die heutige Straße war ein Kiesweg. Man konnte die kleinen Mostbirnen, die auf den Weg gefallen waren, prächtig vor sich herkicken. Weiter vorne war ein mächtiger Nussbaum. Oft kletterten Hans und ich hoch hinauf und dann riefen wir: „Ich sehe ihn!“ Wir sahen den Kirchturm. Ich stopfte meine Taschen voll mit Nüssen, bewarf damit in meiner ersten großen Pause einen Hund, der über den Schulhof rannte, und kassierte dafür eine Kopfnuss von der Pausenaufsicht.
Unser Lehrer, Herr Fuchs, war ein großer Mann, ziemlich alt schon, älter als Papa bestimmt. Er hatte viele graue Haare und einen Stoppelbart. Ich musste mich in die letzte Bank setzen, neben einen Jungen, den ich noch nie gesehen hatte. Der Lehrer nannte mich Herbert, obwohl mich zu Hause alle Bertie nannten. Er redete sehr viel und sehr laut, daran erinnere ich mich gut. Zuerst versuchte ich, genau zu hören, was wir uns merken sollten, doch dann schaute ich zum Fenster hinaus und beobachtete eine Tigerkatze, die ihren Jungen beibrachte, auf dem Holzzaun zu balancieren.
Ich brachte meine Schulzeit mit einigen Aufs und Abs gut über die Runden. Und ehe ich michs versah, war ich selbst zum großen alten Lehrer geworden. Mehr als fünfzig Schulanfänge habe ich nun hinter mich gebracht, alles in allem sechsundfünfzig, um genau zu sein. 56 Mal neu angefangen.

Wenn die Maisfelder in die Höhe wuchsen und die Astern in unserem kleinen Garten ihre violetten Köpfchen der Sonne entgegenreckten, wurde meine Lehrerseele unruhig, Jahr für Jahr. „Bald geht es wieder los. Mach dich langsam auf die Socken. Lass dir etwas einfallen für deine Lieben!"

In zehn Tagen wird ein neues Schuljahr beginnen – eines ohne mich. Jungs und Mädchen werden herausgeputzt und neu eingekleidet die Schule betreten, Aggression und Unlust noch hintangehalten, Lehrerinnen und Lehrer werden freundlich die Hände ausstrecken und die Schüler begrüßen. Aber nein, das werden sie dieses Jahr bleiben lassen. Es gibt Regeln, neue Regeln, der Pandemie angepasst. Aber es wird eine kleine Feier geben, wie jedes Jahr, und in den Klassen werden die Schulregeln erklärt werden und außerdem die neuen Abstandsregeln.

Ich aber schließe heute zum letzten Male die schwere gläserne Schultüre auf und trete ein. Allein. Es ist Samstagvormittag. Es riecht wie immer nach Hausschuhen und verschwitzten Turnbeuteln, gemischt mit Putzmittelduft.

Nein, ich habe keine Lust, hier wieder ein Schuljahr zu beginnen! Nein, es ist richtig, dass ich jetzt pensioniert werde. Pensioniert bin. Wenn ich mir die „Horde" vorstelle, die hier hereinstürmen wird, die Raufereien, die Zurechtweisungen und den Lärm! Dieser Heidenlärm in den Pausen!

Im Lehrerzimmer liegen noch immer Arbeitsblätter und Bücher und allerlei Zettel und Zettelchen des letzten Schuljahres auf den Arbeitstischen. Kollegin Hannah hat die Schulbuch-Ansichtsexemplare sortiert aufgelegt. Die Kaffeemaschine ist bereits wieder benutzt worden.

Ich räume mein Fach aus. Mathematik, 7. Schulstufe, kann ich an Kollegin Fechtig weitergeben, Biologie an Müller.

Schulnews, Musische Tagung im Mai – ausgefallen, Inklusion und verbale Beurteilung, Unterstützung für Migranten und Migrantinnen, Malraum nach Arno Stern, Neue Medien – neue Lernkultur, der letzte Gehaltszettel und eine Liste mit Zugangsdaten für PC und Drucker und iPad und E-Kalender und so weiter. Was sich alles ansammelt!
Ich brauche nichts mehr davon. Den ganzen Stapel wichtiger Ausdrucke und Broschüren stopfe ich in den Papiermülleimer. Weg damit! Endlich kann ich das alles vergessen! Muss nichts davon im Kopf behalten, muss nichts davon umsetzen, nichts besuchen, nichts darüber schreiben.
Meine Kaffeepads, die soll Freund Roger haben, sein Fach ist gleich nebenan.

Das Klassenzimmer der 3B ist bereits freundlich eingerichtet worden. Meine Nachfolgerin hat Pflanzen auf die Fenstersimse gestellt. Die Regale sind leer geräumt, die Bänke gereinigt und weiter auseinandergeschoben, die Stühle hochgestellt. Tja, ein guter Unterricht ist schon etwas Schönes! In manchen Klassen konnte er gelingen!
Mein Pult ist noch nicht ausgeräumt. Tut mir leid! Das alte Schreibzeug werfe ich kurzerhand in den Mülleimer. Vorbereitungen, Strafarbeiten, Notizen, Termine – alles weg! Ahh, das tut gut!
Und hier – eine kleine Zeichnung von Jonathan. Jonathan, vor etlichen Jahren ein Erstklässler, hat ein Männchen gezeichnet und einen großen Ball und daruntergeschrieben: „HER sOLer, weN tust dU wider TunEN mIt UNs?" Dieses Kleinod habe ich aufgehoben über all die Jahre. Es sollte mich trösten, wenn die Pubertierenden mal wieder das Ekel heraushängen ließen.

So vieles ist vorbei, jetzt. Endgültig. Ich werde nie mehr arbeiten. Ich wollte es so. Inge tritt ebenfalls die Pension an und wir wollen uns ein paar sorglose Jahre gönnen.
Noch einmal schweift mein Blick durch das Klassenzimmer und ich bin versucht, ein Kreuzzeichen zu machen, aus Dankbarkeit – und aus Angst vor der Zukunft.
Andächtig schließe ich die Klassentüre, schreite den langen Gang entlang und steige vorsichtig die Steinstufen nach unten. Mit der Gleitsichtbrille heißt es aufgepasst beim Stiegensteigen!

Ich lasse die Türe hinter mir zufallen und werfe den Schlüssel in den Briefkasten. Die offizielle Verabschiedung mit Geschenk und Gedicht und mit ein paar Umarmungen hat bereits im Juli stattgefunden.
Ich weiß: Ich werde nicht mehr hierher auf Besuch kommen. Dieses Kapitel ist abgeschlossen.
Die Luft ist frisch und feucht. Auf den Tischtennistischen liegen die ersten gelben Ahornblätter, der Schulgarten wirkt

ziemlich verwildert, dem Teich hingegen hat die Sommerruhe gut bekommen.

Das war's dann also. Jetzt trete ich den letzten Abschnitt meines Lebens an. Das Ziel ist bekannt.

„Sei nicht so sentimental!", wird meine Inge sagen. „Sieh, die Rosen stehen noch in voller Blüte!" Sie wird das Haus putzen und ein weiteres Käppchen stricken für unser erstes Enkelkind.

Opas Drucker

Nach dem langen Lockdown geht Mira beim ersten Besuch bei Oma und Opa schnurstracks alle Stiegen hinauf in Opas Zimmer. Gleich will sie sehen, was Opas 3-D-Drucker jetzt wieder ausdruckt. Vielleicht ein neues Hündchen von der Paw Patrol? Oder eine Mickymaus?
„Ha, Lilli, was magst du? Was soll Opa ausdrucken für dich? Eine Mickymaus vielleicht?“, säuselt sie der kleinen Schwester vor.
„Mimimaus, Mimimaus“, plappert die Kleine nach.
„Opa“, setzt Mira in ernstem Ton an, „Opa, wenn du gestorben bist, dann nehme ich den 3-D-Drucker.“
Als Opa lauthals loslacht, ist sie irritiert und erklärt: „Ja, Opa, da brauchst du keine Angst zu haben, dass er auf dem Müll landet. Ich übernehme den.“
„Gut, ja, das ist prima“, gibt Opa sein Einverständnis.
Auch die Kleine steht vor dem Wunderding. Mira kommt sich wohl etwas ungerecht vor und fürchtet, die kleine Schwester könnte eifersüchtig sein.
„Und du, du bekommst dann Omas Nähmaschine, ja? Bist du einverstanden?“, fragt sie sicherheitshalber und die kleine Schwester nickt ergeben.

Der schwarze Mantel

Kalter Wind schlug mir entgegen, als ich wieder auf die Straße trat. Das Paket war aufgegeben und ich eilte zurück in die Marktstraße zum Totenmahl im Gasthaus Adler.

„Mein blauer Parka wäre wärmer gewesen!“, dachte ich reumütig.

Widerwillig hatte ich in der Früh den schwarzen Mantel hervorgeholt. Vorne ließ er sich nicht mehr ganz zuknöpfen. Doch er war schwarz und ordentlich und das sollte er auch sein für die Beerdigung von Onkel Alfons. Ohnehin hatte ich die Angewohnheit, mit offener Kleidung durch den Winter zu gehen – ganz zum Missfallen von Anton.

Jetzt zog ich also den Kopf ein und steckte die Hände in die Taschen. Was war das? Was griff meine rechte Hand? Eine Packung Zigaretten! Hatte ich noch alte Glimmstängel in der Manteltasche vergessen? Zigaretten von früher. Wie konnte das möglich sein?

Ein lauter Lacher entschlüpfte mir mitten in der Fußgängerzone. Hatte ich tatsächlich in diesem alten Mantel eine Schachtel Zigaretten vergessen! Und links, links war das Feuerzeug dazu! Na, so was aber auch! Altvertraut fühlte sich das an, wohlig und sicher, wie in alten Zeiten, wie in jungen Jahren!

Genussvoll tastete ich die vergessenen Schätze ab und überlegte, ob das wohl eine ganz alte HB-Schachtel war, wie ich sie früher geraucht hatte – denn genauso lag das Ding in meiner Hand –, oder eher eine Memphis aus meiner späteren Raucherzeit.

Ich zog die Hand aus der Tasche und es war – eine Marlboro-Schachtel! Eine rote Marlboro!

Das war denn doch der Gipfel! Es war Antons Marke! ER musste SEINE Zigaretten in meiner Manteltasche versteckt haben! Er, er hatte MEINEN alten Trenchcoat als Geheimversteck genutzt! Nein, diese Idee! Und diese Verwegenheit! In meinem Mantel seine verbotenen Sargnägel zu horten!
Das Lachen war mir vergangen. Ich überlegte, was ich jetzt mit dem Fund anfangen sollte. Eine rauchen. Nein, das kam nun überhaupt nicht infrage. Zu viel Mühe hatte die Entwöhnung gekostet!
Dass es Antons Zigaretten waren, das war nun eindeutig zu viel! Was sollte ich also tun mit diesem Ding der Lust?
„Ich könnte in den Adler gehen und ihm wortlos die Marlboro-Schachtel unter die Nase halten. Vorwurfsvoll! Als Beweis für seine Lügen!", überlegte ich.
Die Packung war fast voll. Ich hielt sie an meine Nase und nahm einen tiefen Atemzug. Sie roch noch immer kräftig und aromatisch.
„Oder vernichten", dachte ich. „Einmal umdrehen und die Sünde hat ein Ende." Doch irgendwie war das auch schade. Eine Verschwendung! Mancher Raucher könnte froh sein über ein Gratispäckchen.
Schließlich beschloss ich, die Schachtel auf einen öffentlichen Sand-Ascher zu legen, sodass ein armer Süchtiger sie finden könnte und glücklich sein über den seltenen Fund – mitten im November. Belustigt und zufrieden mit der eleganten Lösung ging ich weiter, beide Hände im seidigen Futterstoff vergraben.
„Aber", ging es mir weiter durch den Kopf, „wo sind denn meine Schlüssel?"
Eigentlich sollte ich den ganzen Schlüsselbund in der Tasche haben. Doch rechts war nichts und links war noch immer

das Feuerzeug. Aber wo waren die Schlüssel? Ich durchsuchte meine Handtasche. Nichts. Leichte Panik erfasste mich. Zum tausendsten Male griff ich in die Manteltaschen: rechts nichts, links ein Feuerzeug. Aber meine Schlüssel?!

Da schaute ich an mir hinunter, fasste an die Taille – kein Gürtel! Was war das? Der Kragen – ein Revers! Und überhaupt, was war das für ein Mantel? Das war nicht meiner! Schwarz, ja, aber das war nicht mein Trenchcoat! War es nie gewesen! Ich musste wohl ein fremdes Kleidungsstück angezogen haben, als ich vom Totenmahl weggegangen war, um das Paket zur Post zu bringen! Das war ja zu peinlich! Wie alt war ich? Nein, ging das jetzt schon los mit Vergessen, mit Verwechseln und Verlieren?!

In meiner Aufregung und Verwirrung kramte ich den Lippenstift aus der Handtasche und zog meine trockenen Lippen kräftig nach.

„Jetzt musst du zuerst die Zigaretten zurückholen und sie einstecken, sodass der verwechselte Wintermantel wieder komplett ist", sagte ich mir.

Das war einfach, denn ich war noch nicht weit gegangen und die rote Schachtel lag unberührt am Rande des Sand-Aschers. Schnell nahm ich das fremde Gut wieder an mich. Dann ging ich die Marktstraße hinauf, rannte fast, ungeduldig und in der Hoffnung, mein eigener schwarzer Mantel mit dem Schlüsselbund in der Tasche mochte bitte, bitte noch unversehrt und unbeachtet in der Garderobe hängen.

Ich hechelte zum Garderobenständer, hängte beherrscht das fremde Kleidungsstück auf einen Haken und blätterte die dunklen Trauermäntel durch. Da hing er ja! Gott sei Dank! Mein gutes altes Stück mit dem losen Stoffgürtel in den Taillenschlaufen! Schnell griff ich in die Taschen und ertastete mit großer Erleichterung – meinen dicken fetten Schlüsselbund!

„Wunderbar! Lieber Gott, ich danke Dir! Ich danke Dir tausendmal!“

Erschöpft setzte ich mich neben Anton an den großen Tisch, bestellte einen heißen Tee und blieb für den Rest der Totenfeier eine reichlich unkonzentrierte Gesprächspartnerin. Meine ganze Aufmerksamkeit galt jenen, die in Richtung Garderobe gingen, jenen, die Mäntel hereinbrachten und sie anzogen. Unschuldig. Nichtsahnend.

Und dann kam er, „mein“ Mantel, schlicht, gerade, ohne Gürtel, dafür mit Schulterklappen – er kam mit meinem Neffen. Gebannt schaute ich zu, wie Daniel in den schwarzen Trenchcoat schlüpfte, selbstverständlich, leicht und locker, ganz so, als wäre es der seine. Und wie er ihm passte, der Herren-Kurzmantel! Fesch sah er aus, der Jüngste meines Bruders! Sein bleiches Kindergesicht, umrahmt von hellen Locken, erfreute die Gemüter der Tanten, als er ihnen seine langen, schlaksigen Arme zum Abschied entgegenstreckte. Höflich. Wohlerzogen.

Ich hatte nicht bloß einen fremden Mantel getragen, sondern darüber hinaus den eines jungen Mannes! Und ich hatte nichts davon bemerkt!

Und der brave strebsame Gymnasiast hatte also Zigaretten bei sich! Starke rote Marlboro. Und war noch nicht einmal sechzehn! Wer hätte das gedacht!

Jetzt griff er in seine Taschen, der groß gewachsene blonde Junge, zog die Hand heraus und schaute verdutzt – auf einen Lippenstift, auf meinen Revlon.

Alter schützt vor Torheit nicht

Diesmal sollte es kein Reinfall werden! Parship hatte mehr Niveau als das billige Wochenblatt! Immerhin war er Akademiker. Der Mailkontakt war unterhaltsam gewesen, ein gebildeter Herr mit Herz und Verstand und – ein Hundeliebhaber! Das hatte den Ausschlag gegeben!
Liesbeth holte das Goldrandgeschirr aus dem Schrank und das Silberbesteck aus der Lade, legte zwei Gedecke auf, faltete lila Servietten zu Engelflügeln und stellte je ein Weinglas und ein Wasserglas rechts neben das Gedeck.
Dietmar liebte Fleisch, das hatte er bereits gestanden. Obwohl er ein großer Tierfreund sei, könne er einem saftigen Braten nicht widerstehen. Also hatte Liesbeth auf dem Bauernmarkt ein Stück Nuss vom Biorind gekauft, es vor zwei Tagen in Rotwein gelegt und nun schmorte es seit Stunden im Backrohr. Dazu gab es Serviettenknödel und Rotkraut. Und als Nachspeise einen einfachen altmodischen Vanillepudding mit Himbeersirup.

Oje, es klingelte bereits an der Wohnungstüre. Schnell zündete Liesbeth die Kerze im Einweckglas an, band sich die Schürze ab und öffnete die Türe. Ein mittelgroßer Mann in Jeans und Sweater mit einer etwas seltsamen Ledertasche unter dem linken Arm stand in der Türe und streckte ihr die Hand entgegen:
„Hallo! Ich bin Dietmar. Und Sie, Sie sind Liesbeth?“
Etwas zu überfreundlich im Bemühen, ihre Verlegenheit zu überspielen, sagte sie: „Ja, sicher doch! Freut mich! Komm herein! Wir waren doch bereits beim Du, nicht wahr? Hast du gut hierhergefunden?“

Ein wenig anders hatte sie sich den NLP-Trainer der Städtischen Akademie doch vorgestellt. Dieser Pferdeschwanz, na ja, man würde sich daran gewöhnen können.
Aus seiner Tasche kramte er eine Flasche Wein, einen Cabernet Sauvignon, nicht schlecht. Aber diese Tasche! Und was die Kleidung anlangte – da hatte er sich nicht allzu große Mühe gegeben. Eine ausgebeulte Jeans und dazu ein Shirt mit Adidas-Logo, das auch schon bessere Zeiten gesehen hatte. Zum Silberbesteck passte er jedenfalls nicht! Liesbeth hingegen hatte ein neues Kleid gekauft bei „Comma", ein bordeauxrotes auf Taille geschnittenes Kaschmirkleid, das ihre unter Entbehrungen gut erhaltene Figur betonte und ihre Beine zeigte.
„Witwe, 63, schlank sportlich, aufgeschlossen und kreativ, sucht einen Partner für das Leben zu zweit."
Die Anzeige entsprach der Wahrheit. 63 war schließlich kein Alter heutzutage, man durfte es zugeben. Bei einer statistischen Lebenserwartung von 87 Jahren. So wie Liesbeth auf sich achtete, konnte sie hundert werden, und zwar bei guter Gesundheit.
Dietmar war zwei Jahre jünger und leitete Seminare als NLP-Trainer und jetzt, jetzt hatte er einen guten Appetit. Er lobte den Braten und verdrückte unter Schnauben und Schmatzen eine Scheibe nach der anderen. In großen Schlucken trank er den Cabernet. Liesbeth überlegte indessen, welche Weinflasche sie danach öffnen könnte. Sollte sie es zulassen, dass er sich betrank?
Trotz der enormen Arbeit, die er mit Essen leistete, schaffte er es, ihr nebenbei seine Lebensgeschichte zu erzählen, die sie bereits aus den E-Mails kannte: eine unglückliche Ehe, eine Freundin, die ihn verlassen hatte – oder verlassen

wollte? Drei Töchter, zwei Enkelkinder. Techniker mit vielen Auslandsmontagen, dann ein Fernstudium und die Umschulung zum NLP-Coach mit Schwerpunkt Persönlichkeitsentwicklung und Führungskompetenz.

Interessant und vielseitig schien er zu sein, konnte privat und geschäftlich trennen, ging es Liesbeth durch den Kopf. Jetzt ganz leger und fast bäuerlich derb, dann wohl der feine Geschäftsmann und Berater. Offensichtlich verstand er es, Gegensätze zu vereinen.

Erst als Beth den Hauptgang abservierte, erinnerte er sich offensichtlich daran, dass das hier ein Date war. Er blickte auf und fragte nach ihrem Hund. Nach ihrem Hund!

„Habe ich dir doch geschrieben: Ich musste ihn im Haus zurücklassen, bei meiner Tochter und ihrer Familie. Sie haben das Haus übernommen und ich bin umgezogen und konnte Cäsar nicht mitnehmen in die Wohnung."

„Ach, nein, wie traurig! Bestimmt vermisst du ihn sehr!"

Echtes Mitleid war das! Er spürte sichtlich, was es für sie bedeutet hatte! Sogleich war Liesbeth milde gestimmt. Sie hatte ihm unrecht getan! Man könnte aus ihm einen stattlichen Mann machen. Was ihm fehlte, war eben eine Frau! Diese Tierliebe und diese Empathie!

Und er selbst? Hatte er nie einen Hund gehabt?

„Ach, nein, es hat sich nicht ergeben. Dennoch! Ich hätte ihn gerne kennengelernt, deinen Rottweiler. Das war doch ein Rottweiler auf dem Bild, das du gepostet hast?"

Aber Liesbeths Erinnerung an die Wachhunde ihres Mannes gehörte in eine andere Zeit ihres Lebens. Jetzt war sie schließlich darum bemüht, eine neue Beziehung zu finden, neu anzufangen, Altes hinter sich zu lassen. Nicht weil alles schlecht gewesen wäre, nein, aber auch nicht weil alles gut gewesen ist – das auch wieder nicht. Nein, hier und jetzt, ein neuer Mann, ein neues Leben, das passte schon.

Sie stürzte die Vanillepuddinge auf die Dessertteller und träufelte Himbeersirup darüber.

„In England ist ein Pudding etwas anderes als bei uns," versuchte sie von der Vergangenheit abzulenken. „Dort wird eine Art Brot-Gemüse-Fleischmasse oder auch eine Grießmasse in einer geschlossenen Form im Wasserbad gekocht. Aber das weißt du bestimmt! Machen es die Amerikaner auch so? Wie lange hast du denn in Amerika gelebt? Erzähle ein bisschen von deiner Zeit in Memphis!"

Doch urplötzlich kniete sich Dietmar auf den Boden und schnüffelte an Liesbeths Beinen wie ein Hund.

Entsetzt rief sie: „Hör auf! Was machst du da?", und schoss ein scharfes „Aus!" hinterher.

Er hob den Kopf und schmachtete sie an: „Waauuu! Wir können ein bisschen Hund spielen."

Liesbeth wusste nicht, sollte sie lachen oder schreien. Ja, er hatte in den E-Mails geschrieben, dass er gerne Theater spielte. Spielte er in einem Laientheater? Sie erinnerte sich nicht, ob er es erwähnt hatte.

„Nein, komm schon, das ist nicht lustig."

„Nicht? Schade. Ich dachte, wir könnten uns ein bisschen amüsieren, ein bisschen spielen, ein bisschen Spaß haben. Du magst doch Hunde? Ein Hund schützt dich vor der Einsamkeit."

„Ja, klar. So einsam bin ich nun auch wieder nicht. Das eben, das war irgendwie seltsam, sehr seltsam! Komm hoch, lass es uns vergessen!"

„Das Spiel dient der inneren Stärkung der Ressourcen. Ich könnte dich begleiten in der Aufarbeitung deines Verlustes. Ich dachte, du wärest kreativ und aufgeschlossen und tolerant", sagte er voller Enttäuschung und setzte sich langsam und bedächtig wieder auf die Bank.

„Was hat dein Hundespiel mit Toleranz zu tun?"

Liesbeth ging auf den Nordbalkon hinaus, um ihren Kopf in die kühle Luft zu halten. Draußen hatte sie zwei Flaschen Wein deponiert. Ein Merlot musste passen für diesen seltsamen Dietmar. Konnte man sich dermaßen täuschen in einem Menschen? Er hatte so viel erzählt von seinen Reisen und von den Neurolinguistischen Programmiermethoden, von seinen Erfolgen bei Seminaren mit Topmanagern aus der ganzen Welt. Er hatte ein interessantes Leben geführt, war weit umhergekommen. Und eine Familie hatte er auch gehabt, trotz allem. Irgendwie musste der doch solide sein, ganz normal, einfach und bodenständig. Dass er eine Geliebte hatte, die ihn erst kürzlich verlassen hatte, nun, das sollte man nicht überbewerten. Liesbeth hätte gerne mehr darüber erfahren, vor allem ob das definitiv und endgültig aus war.

Mit der Weinflasche in der Hand kam sie wieder in die Wohnküche zurück und wollte ihn nach seiner Freundin beziehungsweise seiner Ex-Freundin fragen. Aber er war nicht hier. Liesbeth schaute sich um und wunderte sich, wohin er in dieser kurzen Zeit verschwunden sein konnte.

„Vielleicht hat er die Toilette aufgesucht", dachte sie und stellte fest, dass auch die Tasche weg war. Stattdessen hing ein rotes Lederband über seinem Stuhl. Und auf dem Tisch stand noch unberührt die süße Nachspeise.

„Nanu", sagte sie laut vor sich hin, „das ist ja mysteriös!"

Sie räumte die beiden Teller in die Spülmaschine und putzte das restliche Kraut in den Topf zurück.

Falls er sich auf Französisch verabschiedet haben sollte, konnte es Liesbeth nur recht sein. Schien ein komischer Vogel zu sein.

Doch da kam etwas auf allen vieren angekrochen und jaulte. Einen Moment blieb Liesbeth wie angewurzelt stehen, dann brach sie in schallendes Gelächter aus. Sie beugte sich vor Lachen, so ein Ich-brech-ab-Lachen, nein, sie konnte nicht fassen, was sie sah. Er hatte sich umgezogen, trug eine braune Jogginghose und um den Hals eine Spitzenkrause. Den Haargummi hatte er entfernt, sodass sein schütteres Haar in Strähnen herunterhing. Es war die größte Torheit, die sie je gesehen hatte, bei allen Absonderlichkeiten, die ihr im letzten Jahr über den Weg gelaufen waren.

„Na komm schon, mein süßer Bello!", schmeichelte sie mit erstickter Stimme und beugte sich hinunter, um ihn am Nacken zu kraulen, wie sie es bei ihrem Cäsar gemacht hatte. Der hatte vielleicht Ideen! Oder war sie selbst es, die neben den Schuhen stand? Angetrunken vielleicht?

Aber gerade da fiel ihr eine Szene aus dem letzten Landkrimi ein: ein Lokal, eine Bar und Männer, die sich wie Hunde ausführen ließen. Sie gingen auf allen vieren in jenem Film, mit ebensolchen Halskrausen und mit Gesichtsmasken, wollten an der Leine geführt werden und wollten behandelt werden wie Hunde, eine Art Domina-Perversion. Sollte dieser hier, dieser kluge, studierte, gut situierte, nette Dietmar hier, sollte das sein Ernst sein?

Sie riss die Augen auf und starrte mitten in seinen unterwürfigen Dackelblick. Nein! Das hatte sie nicht verdient! Ihr Fuß zuckte. Sie wollte treten, auf ihn eintreten, auf diesen nichtswürdigen alten Perversling, wollte ihn hinausbefördern, wie es sich für einen Hund gehörte, genau so und nicht anders, mit Fußtritten, mit Schimpf und Schande. Sie konnte sich gerade noch knapp beherrschen und schrie wutentbrannt: „Hinaus! Verschwinde! Sofort!"

Verdattert rollte er sich zusammen und winselte wohlig. Liesbeth aber riss die Wohnungstüre auf, warf die rote Hundeleine und die seltsame Tasche über die Treppen hinunter und scheuchte den Widerling mit Händen und Füßen hinaus. Gepresst und leise drohte sie mit kalter Beherrschung: „Es ist mein voller Ernst! Sonst rufe ich die Polizei."

Es sollte ihr letztes Date gewesen sein, das schwor sie sich! Sie hatte die Schnauze voll, endgültig!

Gemütlich

Blutige Morde
flimmern ins Wohnzimmer. Wirf
die Chips rüber.

Ein verpatztes Date

Sie heißt Leony und ist Tänzerin. Sie tanzt Ballett in lokalen Ensembles und unterrichtet an der Städtischen Musikschule. Derzeit widmet sie sich mehr dem Unterricht als den großen Auftritten.
Sie liebt gutes Essen, allerdings ohne Tierprodukte. Das schreibt sie in ihrem Blog und das hat David gefallen – nicht dass sie Vegetarierin ist, sondern dass sie gerne kocht und gerne isst. In letzter Zeit denkt er immer wieder über seinen eigenen Fleischkonsum nach. Wenn es bloß nicht so gut schmecken würde!

Heute wird er aufkochen für sie, und zwar ganz vegetarisch und alternativ und regional und in Harmonie mit der Jahreszeit: Zwetschkenknödel mit Vanillesoße.
Mehlige Kartoffeln hat er schon gekocht. Aua, die sind geplatzt und knallheiß. Mann, kann man so nervös sein mit bald sechzig Jahren! Irgendwie müssen die Dinger geschält und auf das Mehl passiert werden. Butter dazu, ein Ei, etwas Salz, mischen und kneten. Davids Hände glühen in der Hitze der Kartoffeln, die ganze Pampe klebt. Hektisch schnappt er die Mehlpackung und schüttet Mehl auf den Tisch. Irgendwie schafft er es, eine Rolle zu formen und Stücke abzuschneiden.
Die Zwetschken sind schon gewaschen und liegen bereit. Wenn Leony nur halb so gut aussieht wie auf den Fotos, dann, dann – das Wasser läuft ihm im Mund zusammen. Man sieht ihr die 50 nicht an, und wenn schon!
Wasser, richtig, das sollte er aufstellen. Gesalzen. Er nimmt den größten Topf, den er aus seinem misslungenen Eheleben

gerettet hat, füllt ihn mit Wasser, gibt Salz dazu und hievt ihn auf den Herd.
David könnte sich durchaus vorstellen, selbst Vegetarier zu werden. Immer öfter stellt er sich das Tier vor, das er isst, die Kuh auf der Weide, die jetzt zum Gulasch geworden ist, oder das gackernde Huhn mit seinen braunen Federn, das in Würfel geschnitten in der Currysoße auf seinem Teller liegt. Man könnte glatt den Appetit verlieren.
Die Zwetschken einpacken in den Teig, das ist die große Kunst. David ist eher von der sportlichen Sorte, nicht so sehr der Feinmotoriker. Der verdammte Teig klebt wie Kleister, das Mehl staubt wie Sand in der Wüste, das Wasser kocht schon über, David schwitzt wie ein Marathonläufer und Leony wird in zehn Minuten da sein.
Er wischt sich eine graue Locke aus der Stirn und drückt auf die Aus-Taste des Induktionsherdes. Sein Handy surrt. Er rast in die Garderobe. Dabei sieht er im Spiegel sein mehliges Gesicht, seine teigigen Haare und seinen weiß bestäubten Bauch. Oh Gott! Er patzt auf die Annehmen-Taste und hört ihre göttliche Stimme und die übergöttliche Ankündigung: Sie habe den Zug versäumt und komme eine halbe Stunde später. Gerettet!
Okay, was zuerst? Tisch decken! Hektisch greift er eine Tischdecke aus der Lade und wirft sie über den Tisch. Teller drauf. Klirr. Oje, der hatte wohl schon einen Sprung, der edle Hutschenreuther. Echt schade! Er kehrt die Scherben in die Schaufel und schiebt sie in den Restmüll. Besteck auflegen: Langsam, David, sie kommt eine halbe Stunde später! Ed Sheeran schmiert „Perfect“ in die heiße Küchenluft.
Perfekt, nein, das muss sie nicht sein. Ein bisschen auf sich achten, das sollte sie schon, und sportlich ist sie wohl von

Berufs wegen. Ob sie nett und sympathisch ist? Kann man sich mit ihr unterhalten? Mit ihr lachen?
Beschwingt öffnet er die Kühlschranktüre, schnappt sich die Milch, schüttet sie in einen Topf, schüttet daneben, egal, die Milch muss kochen. Daneben rührt er Puddingpulver an und gießt es in die heiße Milch. Rühren, rühren. Ein schönes Milchhäferl aus dem Schrank holen. Ach herrje, David hat aber auch alles Pech der Welt: Schäumend quillt die Milch über den Topf und brennt sich in die Hitze des Ceranfeldes. Dieser Gestank! Er reißt die Fenster auf und putzt wie wild über den Herd. Trotzdem: Die Soße kann noch hingehen, den Topf versenkt er im Waschbecken.
„Ich hoffe, diese Lady ist meine Anstrengung wert!" David ist ausgehungert, was die Liebe betrifft, und in dieses Foto von Leony im Sportdress hat er sich augenblicklich verliebt.
Als schließlich alle Spuren des Küchenchaos weggezaubert sind, ein paar Astern zartlila aus der Vase blinzeln und sein ganzes Reich königlich aussieht, steht die Prinzessin in der Türe. Groß, schlank, glatte braune Haare, zu einem Rossschwanz gebunden, mit einem kleinen Lächeln um ihren großen Mund. Mit dunklen Augen blickt sie David geradewegs in sein verschwitztes Gesicht und streckt ihre schmale Hand zum Gruß aus. David weiß, was sich gehört, also nimmt er sich zusammen, führt sie nicht gleich ins Schlafzimmer und zieht ihr nur mit Blicken das schlichte Baumwollkleid von den schmalen Kurven.
Mit stolzgeschwellter Brust führt er sie in die Küche, zieht galant einen Stuhl vom Tisch und deutet mit einer leichten Verbeugung an, dass sie Platz nehmen darf.
„Ich habe meine absolute Lieblingsspeise für dich gekocht nach dem Superrezept meiner Mutter: Zwetschkenknödel

aus Kartoffelteig! Dazu eine wunderbare feine Vanillesoße."
Galant setzt er die Schüssel mit den Knödeln auf den Tisch und stellt das heiße Soßenhäferl daneben.

Leony schnuppert mit ihrem Näschen und säuselt: „Ist die Soße mit Milch zubereitet? Mit Kuhmilch etwa?"

„Klar doch, echte frische Kuhmilch vom Bauernhof."

„Weißt du, ich trinke keine Milch von Kühen. Die ist für die Kälbchen da, nicht für die Menschen."

„Okay", denkt David, „dann lass mal, du Süße!"

„Aber die superechten Kartoffelteigzwetschkenknödel, die magst du doch!"

„Gerne! Du hast doch wohl kein Ei verwendet?"

„Äh, äh..." Dem sprachgewandten Journalisten bleibt glatt die Spucke weg. Er ist nicht schnell genug mit einer Lüge. Schon ertappt.

„Und die Brösel da oben drauf, hast du sie in Kokosfett geröstet?"

„Aber nein, gute echte feine Butter, direkt von der Alpe."

„Vegan ist nicht gleich vegetarisch, weißt du. Vegan heißt: überhaupt keine tierischen Produkte verwenden, keine essen, keine tragen, keine nutzen."

Hatte sie vegan geschrieben? Vegetarisch, vegan, war es nicht egal? Vegan!

Wie auch immer ... Das war's dann. Am liebsten möchte er dieser feinen Tussi den Topf mit den Knödeln auf ihr zartes Haupt draufsetzen.

Leony bittet um ein Glas lauwarmes Leitungswasser. Sie kramt aus ihrem Stoffbeutel einen wurmstichigen Apfel, schneidet ihn auseinander und referiert über Tierleid, globale Erwärmung und Ernährungsalternativen, während sie in kleinen Bisschen das Fruchtfleisch zerkaut.

Davids Wut brodelt in seinem ausgehungerten Bauch. Am liebsten möchte er dieses kluge Mimöslein augenblicklich und eigenhändig hinausbefördern.
Er überlegt nicht lange und macht kurzen Prozess. „Weißt du was, Prinzessin, das wird nichts mit uns beiden. Irgendwie passen wir nicht zusammen. Verlasse besser gleich mein grobschlächtiges Reich und bringe dich und deine Ideale in trockene Tücher!“
Langsam blickt die Schöne auf, in ihren Augen dämmert die grobe Wahrheit. Sie reißt ihren Beutel an sich, reckt das spitze Kinn nach oben und schwebt zur Türe hinaus.
David lässt seinen erschöpften Leib auf die Couch plumpsen und greint mit Pizzera und Jaus: „Danke, gut. Mir geht's so gut!“
Schwer erhebt er sich, schmeißt alle Knödel in den Biomüll und gießt die Soße ins WC. Dann fährt er zum nächsten McDonalds und verschlingt drei Maxiburger hintereinander.
„I kann mi net beschwern, mir geht's so guat. Mit am Wort:
I kennt rearn.
I kann mi net beschwern, mir geht's so guat.“

Mein gutes altes Haus,

es tut mir sehr leid, aber ich muss das jetzt einfach tun: Ich muss dich auf den Markt werfen.

Ja, genau so fühlt es sich an in meiner Brust: Ich werfe dich weg. Es bricht mir fast das Herz, aber es geht nicht anders. Keines der Kinder will in dir wohnen, keines will sich die Arbeit mit dir machen, keines will sich deiner schlechten Lage aussetzen. Sie haben sich umgesehen und andere Pläne geschmiedet.

Und ich? Ich schaffe es nicht mehr, die Stufen zur Toilette hinunterzugehen, ich schaffe es nicht, allein ein und aus zu gehen, ich schaffe es nicht, deinen Ofen zu heizen. Ich kann dich nicht mehr bewohnen.

Deine schönen alten Holzböden – sie werden herausgerissen werden. Fußbodenheizung ist ein Muss heutzutage. Deine eingebauten Holzschränke, feinste Zimmermannsarbeit, tadellos erhalten, ohne jeden Makel – sie werden es nicht überleben.

Deine Fenster, in den 90er-Jahren erneuert, solides Vollholz, imprägniert und gedichtet, mit dreifach schalldichtem Glas versehen, funktionieren tadellos.

Mein Herz hängt an deinen grünen Fensterläden. Freilich, sie könnten einen neuen Anstrich vertragen. Aber man kann dich herrlich kühl halten damit.

Dein Stiegenhaus, großzügig mit massivem Holzgeländer, ein Prachtstück!

Deine Küche, na ja, aber es passt alles in dir, die Eckbank und der rote Resopaltisch – ein Traum, meine Kindheit, meine Vergangenheit, mein junges Leben.

Diese Straße, wenn diese Straße nicht wäre, sagen unsere Kinder, sagen die potenziellen Käufer, sagen die potenziellen Mieter, diese Straße ist die Hölle. Und das Autohaus ge-

genüber und der McDonalds zwei Häuser weiter – nein, mit Kindern lässt sich's hier nicht leben.
In meiner Kindheit war diese Straße ein Kiesweg. Wir lehnten uns abends mit einem Kissen unter den Armen auf deinen Fenstersims in der Küche und schauten, ob jemand vorüberging – schau, die Kumpovic in ihren Höslein; und der alte Gassinger wackelt auch schon heim. Wir schauten, ob dann und wann ein Auto vorbeifuhr, und nannten jedes einzelne bei seinem Namen: ein Opel, ein Mercedes, ein VW, ein Traktor, ein Kastenwagen.
Du warst eines von drei Häusern weit und breit, eingebettet in Wiesen mit Obstbäumen und Gemüsegärten. Aus landwirtschaftlichem Grund wurde Baugrund und schließlich Baumischgebiet. Das hast du nicht verdient. Aber was soll ich machen? Papa hat sich noch gewehrt, hat gekämpft um deine Ruhe, hat sich gekränkt um deinetwillen und deiner Bewohner willen.
Lass mich noch einmal einen Blick auf die Hortensien vor dem Stubenfenster werfen, lass mich noch einmal durch deine großen sonnigen Räume schlurfen, lass mich noch einmal an deinem Schreibtisch sitzen und meinen Blick über das letzte Fleckchen Wiese auf den letzten Zwetschkenbaum werfen, lass mich noch einmal hinunterschauen auf deinen Parkplatz. Ich glaube, ich sehe uns Kinder beim Seilspringen und Papa am Lädenschleifen und Mama beim Bohnenpflücken. Lass mich noch einmal dein Fenster öffnen – oh nein, das machen wir besser wieder zu.
Ein Immobilienheini wird dich anpreisen, ein Loblied singen auf deine zentrale Lage und deine gute Bausubstanz.
Bestenfalls wird dir nur das Herzstück, deine alte Küche, herausgerissen, werden dir nur die weinroten Badezimmer-

fliesen abgeschlagen und wird dir nur die eine oder andere Wand abgebrochen werden. Fenster weg, Türen weg, Läden weg. Oder aber du wirst komplett ausgehöhlt.
Wahrscheinlich aber werden die Bagger kommen und dich in deiner ganzen Pracht abreißen und eine reiche Baufirma wird dich durch einen mittelgroßen viereckigen Wohnblock mit dreizehn Einheiten ersetzen, direkt an der Straße. Leistbares Wohnen.
Und ich?
Mich verfrachten sie in das Haus am See, sprich Seniorenresidenz, auf gut Deutsch: Altersheim.
Tschüss! Ich werde dich nicht vergessen. Nie!
Ich mache es auch nicht mehr lange.

In ewiger Liebe
Annemarie

Zahlen, bitte!

Seit Stunden sitzen sie in diesem seltsamen Haus fest. Seit Tagen wahrscheinlich. Der Kaffee ist ausgetrunken, der Kuchen gegessen, die Tabletten sind geschluckt. Wo bleibt sie nur? Was macht sie so lange, diese Slowakin?
Auch Paula ist ungehalten: „Wieso können wir nicht gehen? Komm, Alois, lass uns aufstehen!"
„Wir haben nicht bezahlt. Wir können nicht einfach weggehen!"
Laut ruft er, schreit es fast: „Hey, hallo, ist da jemand?", und knallt beim Aufstehen den Stuhl zu Boden.
Die Pflegerin eilt herbei, umweht von einer Marlboro-Wolke. Alois schlägt auf den Tisch, auf seinen alten Küchentisch. „Zahlen jetzt endlich! Wir wollen nach Hause!"

Schlaf gut, Papa

Auf leisen Socken betrat ich die gute Stube. Papa lag auf dem Rücken, den Mund geöffnet, die Augen geschlossen, die Wangen eingefallen, die Hände neben dem abgemagerten Körper. Was war aus diesem starken Mann geworden!
Wir wechselten uns ab und saßen Tag und Nacht, vor allem in der Nacht, an seinem Pflegebett. Wir wollten Papa nicht alleinlassen in seinen letzten Stunden. Tagsüber war auch Selina da. Sie musste Mama betreuen, für Mama kochen, ihr die Medikamente geben, sie ins Bett bringen.
Ich kam kurz vor Mitternacht, um Heike abzulösen. Das Wohnzimmer war schwach beleuchtet, die schweren Vorhänge zugezogen. Zarte Klaviermusik versüßte die schwarze Stille des Hauses.

Mit einem Nicken und einem müden Lächeln begrüßten wir zwei Schwestern einander.
Ich trat an sein Bett, strich sachte über die gelbliche Haut seiner fleißigen Hand, sagte leise: „Hallo Papa“, und ließ meine Hand auf der seinen liegen. „Wie geht es dir?“
„Er hat kalte Hände“, stellte ich fest.
„Ich weiß. Aber es ist doch sehr warm im Zimmer. Findest du nicht?“
Doch, ja, am Zimmer lag es nicht.
Heike flüsterte: „Er hat einige Male einen Atemzug ausgelassen.“
Dennoch fragte ich, ob wir nicht vielleicht ein Fenster öffnen sollten, nur kurz, weil die Luft … na ja.
Da öffnete er die Augen und blickte mir direkt ins Gesicht. „Er hat mich erkannt“, dachte ich. „Er ist froh, dass ich ge-

kommen bin, er mag mich." Wir vergaßen das Fenster und wunderten uns im Stillen, wie lange Sterben dauern konnte. Dann sagte Heike: „Schau, wie ruhig er jetzt geworden ist."
„Ja, schon. Aber ich bin nicht sicher, welche Art von Ruhe es ist."
„Ach so! Meinst du?", fragte Heike erschrocken.

Wir schwiegen und lauschten in die Nacht. Leise verklang Chopins Nocturne. Die alte Wohnzimmeruhr tickte, tickte, tickte.
Heike nahm den Spiegel von der Kommode und hielt ihn vor Papas Mund.
Nichts.
Er hatte es geschafft.
Es war zu Ende.
Meine kleine Schwester wusste, was zu tun war. Sie wohnte nebenan und hatte die Oberaufsicht über die Krankheitsverläufe unserer Eltern. Sie hatte vom Hausarzt eine Telefonnummer bekommen. Diese Nummer sollten wir anrufen, wenn es so weit war.
„Wie spät hast du?"
„Vier Minuten nach zwölf Uhr. Also ist er um Mitternacht gestorben."
Heike nahm das Handy und meldete ordnungsgemäß: „Unser Vater ist soeben verstorben."
Ich hörte die Stimme des Diensthabenden. Er fragte nach dem Namen und der Adresse.
„Beginnen Sie schon mal mit der Reanimation. Es wird so schnell wie möglich jemand kommen."

Beinahe hätten wir lauthals gelacht. Wiederbeleben!

„Aber, aber“, versuchten wir zu erklären, „das wird wohl nichts nützen.“
„Beatmen Sie ihn so lange, bis wir eingetroffen sind. Fangen Sie gleich an damit!“
Wir schauten einander fassungslos an und schüttelten gleichzeitig unsere Köpfe. Nein, Papa, das würdest du nicht wollen. Nein, wir lassen dich in Ruhe.
Nach einigen Argumenten war das Telefongespräch beendet.
„Komm, lass uns ein Vaterunser beten“, sagte meine Schwester.
Und so saßen wir beide an Papas Bett, beteten miteinander und warteten darauf, welcher Arzt – oder wer auch immer – eintreffen würde.
„Mama sagen wir es erst morgen“, waren wir uns einig. „Glaubst du, sie wird es begreifen?“
Ich schob Papas Augenlider über seine braunen Augen und legte ihm seine Hände auf die Brust.
„Schlaf gut, Papa!“

Stille

Nicht zu überhören
ist die Stille,
breitet sich aus
in unseren Räumen,

legt sich schwer auf dein Bett,
kriecht in jede Ritze des Hauses,
schwillt an und
dichtet die Poren zur Welt.

Laut brüllt sie, die Stille,
ruft nach dir
und schreit zum Himmel:
„Wo bist du?“

Oh du fröhliche

Wie gut, dass Haushaltsgeräte nicht ewig leben.
Es war drei Tage vor Weihnachten, als Bianca das Haus aufräumen wollte. Auch wenn sie seit Gregors Tod allein lebte, hielt sie sich streng an den wöchentlichen Hausputz. Außerdem standen die Feiertage vor der Tür. Wer wollte nicht Ordnung halten in der heiligen Zeit? Aber genau jetzt war das Staubsaugen besonders ärgerlich, weil die Düse nicht mehr festhielt und sich Bianca alle paar Handstreiche bücken musste, um das Ding wieder aufzustecken. Sie fluchte und schimpfte und stöhnte, und das war nun wirklich kein passendes Benehmen so kurz vor Weihnachten.
Also schwang sich Bianca aufs Fahrrad und radelte eilig zum Messepark, mit der Kombidüse im Fahrradkörbchen. Ein großer, korpulenter Mann nahm sich ihres Problems an. Er sah megagrantig aus und außerdem ziemlich ungepflegt. Seine rötlich-grauen Haare hingen rund um den kahlen Oberkopf in Strähnen über seine Ohren. Unter seiner Nase protzte ein dicker borstiger Schnauzbart und rötliche Bartstoppeln sprossen aus seinen blassen Wangen. Seine Mundwinkel bogen sich nach unten, und zwar so anhaltend, als hätte sich diese misslaunige Geste in sein Gesicht eingegraben. Wie konnte man so unfreundlich in die Welt und in den Computer hineinschauen!
„Einen Ersatzteil brauchen Sie", sagte er nach einer Weile.
Die warme Stimme überraschte Bianca, sie passte überhaupt nicht zum Aussehen des Servicetechnikers und klang angenehm und freundlich. „Kostet 61 Euro", fügte er hinzu.
Das war zwar halb so viel, wie der neue Staubsauger vor Jahrzehnten gekostet hatte. Weil man aber nicht alles gleich

wegschmeißen soll, sondern auch reparieren konnte, und weil Bianca die Grünen gewählt hatte, die ja bestimmt für den Ersatzteil gewesen wären, darum also bestellte sie den Teil. Während der Angestellte ihren Namen, ihre Adresse und ihre Telefonnummer in den Computer eintippte, überlegte sie, welche Verschwendung es war, dass ein gesunder Mensch, der in Europa leben durfte, derart freudlos durchs Leben ging.

„Entschuldigen Sie die Frage, aber sind Sie unglücklich?"

Bianca musste ihn wohl überrumpelt haben, denn er schreckte hoch und platzte heraus: „Ja. Aber geht es Sie etwas an?"

Dabei blickte er in ihre Augen, und da war es um sie geschehen. Ein Wort ergab das andere und schließlich wurde Richard in der Serviceabteilung des Elektromarktes von einer attraktiven älteren Dame mit einem Staubsaugerproblem zum Abendessen eingeladen. Heute jedoch musste er arbeiten bis Mitternacht, am nächsten Abend wiederum wollte Bianca zum Yogakurs gehen. Kam also erst der übernächste Abend infrage und das war ausgerechnet der Heilige Abend.

„Warum nicht?", dachte sich Bianca. Ihr Sohn wohnte mit seiner Familie in Herisau.

„Warum nicht?", dachte Richard. Seine geschiedene Frau lebte mit beiden Töchtern im Haus, während er in einer Junggesellen-WG untergekommen war.

So schwungvoll wie in alten Zeiten schmückte Bianca den Weihnachtsbaum und so kräftig würzte sie den Karpfen und so saftig marinierte sie den Kartoffelsalat, als wären die alten Lebensgeister wieder eingekehrt in die kleine Villa am Stadtrand. Richard indessen besetzte das WG-Badezimmer zwei Stunden lang und schmetterte „We wish you a merry

Christmas“ von Anfang bis Schluss und wieder von Anfang bis Schluss und wieder und wieder und wieder aus der Badewanne heraus. Als er schließlich an Biancas Haustüre stand, war er kaum wiederzuerkennen, der fesche, frisch rasierte Herr in Jeans und Sakko, der freundlich fragte, ob er hier richtig sei.

Nun stellte sich aber heraus, dass es mit dem Stimmungswechsel des verratenen Ehemannes nicht so einfach war. Nachdem das delikate Weihnachtsessen verspeist war, nachdem „Stille Nacht“ und „Oh du fröhliche“ gesungen waren und nachdem Bianca das goldene Paket mit der nagelneuen S-Kombidüse geöffnet hatte und Richard die „Anleitung zum Glücklichsein“ von I. D. Yalom in seinen Händen hielt und als sie die zweite Flasche Wein ausgetrunken hatten, fiel Richard tief hinab in seine Traurigkeit.
Bianca tat ihr Möglichstes, seinen Trübsinn zu ergründen. Doch ihr Gast war verstummt und reagierte nicht auf ihre Fragen, nicht auf ihr Zureden, nicht auf die Ischler Törtchen und nicht auf die Weihnachtsmusik. Betrübt und stumm trank er vor sich hin. Bi aber wollte sich diesen Abend nicht verderben lassen. Schließlich war Weihnachten das Fest der Liebe.

War es der Wein, der sie beschwingte und ermutigte, war es die Sehnsucht nach vergangener Glückseligkeit oder war es wilde Abenteuerlust? Jedenfalls zog sie das rote Seidenband aus dem Haar und ließ die grauen Locken auf ihre Schultern gleiten. Langsam schlüpfte sie aus ihrem Pullover. Ihr Gast hob verwundert den Kopf und schaute mit großen Augen auf. Bianca öffnete den Knopf ihrer Jeans. Wie lange lebte sie allein? Wie lange lag es zurück? Ihr Körper hatte dieses Gefühl, diese Lust und dieses Begehren gespeichert. Bianca

legte ihre Kleider ab, Stück um Stück, bis sie fast vollkommen nackt neben dem erleuchteten Tannenbaum stand. Sie band das rote Seidenband um ihre runde Hüfte und warf eine Handvoll Lametta über ihre dichten Haare.
Richards Gesicht wurde weich und freundlich. Eine rosige Farbe überzog seine Wangen und seine grünen Augen leuchteten fröhlich. Und weil Bianca nicht nur Sonnengrüße beherrschte, sondern auch Salsa tanzen konnte, legte sie einen Mambo auf. Die Congas und die Bongos swingten, Pérez Prados Saxofon weinte, daneben erstrahlte die nordische Fichte im Kerzenglanz, Bianca bewegte sich wie eine junge Göttin am Südseestrand und Richard stampfte und klatschte im Rhythmus und vergaß seinen Weltschmerz.

Danke …

… an Walter, der meine Erzählungen und Gedichte gelesen und sie gutgeheißen hat. Geduldig hat er mich bei technischen Problemen unterstützt. Sogar als meine fertigen Geschichten von der Bildfläche verschwunden waren, hat er sie alle wieder hervorgezaubert.

… an meine Kinder und Schwiegerkinder für ihre Wertschätzung und Ermunterung.

… besonders an Miwa, die Grafikerin und Illustratorin, die meine Worte mit ihren Bildern veredelte.

… an Mag.ª Nora Paul, meine geschätzte Lektorin, besonders dafür, dass sie keine einzige Stelle in meinen Texten langweilig gefunden hat.

Über die Autorin

Roland Marte

Edith Meusburger, geb. 1954, wohnhaft in Altach, Vorarlberg, verheiratet, vier Kinder, vier Enkelkinder. Eines Tages dachte die pensionierte Lehrerin, wenn sie den Traum ihrer Jugend umsetzen möchte, einen Traum, der sie ihr ganzes Leben lang begleitet hatte, müsse sie sich beeilen. All die Textfetzen, Tagebucheintragungen, die Gedichte und Geschichten in den alten Heften, im Computer und auf den USB-Sticks - man könnte sie sortieren, einige auswählen und fein säuberlich in einem Buch präsentieren. Voilà!

Über die Illustratorin

MediART

Miwa Nishino Meusburger, geb. 1979 in Madrid, wohnhaft in Hard, Vorarlberg, verheiratet, zwei Kinder. Schon als Kind wusste die Schweizerin mit japanischen Wurzeln, dass sie einen kreativen Beruf erlernen möchte. Sie studierte Mediengestaltung an der FH Vorarlberg und an der Universität von Monterrey in Mexiko. 2022 machte sie sich als Grafikerin und Illustratorin selbständig. Ob mit Bleistift, Buntstift oder digital - Bilder, Farben und Formen bestimmen ihren beruflichen Alltag und erfreuen ihr Herz.